COORDENAÇÃO EDITORIAL
Fernando Dolabela e Ivana Moreira

FRACASSO É *Apenas* O QUE VEM ANTES DO SUCESSO

© **LITERARE BOOKS INTERNATIONAL LTDA,** 2021.

Todos os direitos desta edição são reservados à Literare Books International Ltda.

PRESIDENTE
Mauricio Sita

VICE-PRESIDENTE
Alessandra Ksenhuck

DIRETORA EXECUTIVA
Julyana Rosa

DIRETORA DE PROJETOS
Gleide Santos

RELACIONAMENTO COM O CLIENTE
Claudia Pires

EDITOR
Enrico Giglio de Oliveira

ASSISTENTE EDITORIAL
Luis Gustavo da Silva Barboza

REVISÃO
Ana Mendes

CAPA
Victor Prado

DESIGNER EDITORIAL
Lucas Yamauchi

IMPRESSÃO
Gráfica Paym

Dados Internacionais de Catalogação na Publicação (CIP)
(eDOC BRASIL, Belo Horizonte/MG)

F797　Fracasso é apenas o que vem antes do sucesso: habilidades
inspiradoras de empreendedores que deram a volta por cima /
Coordenadores Fernando Dolabela, Ivana Moreira. – São Paulo,
SP: Literare Books International, 2021.
14 x 21 cm

Inclui bibliografia
ISBN 978-65-5922-203-2

1. Administração de empresas. 2. Empreendedorismo.
3.Sucesso nos negócios. I. Dolabela, Fernando. II. Moreira, Ivana.
CDD 658.4

Elaborado por Mauricio Amormino Júnior – CRB6/2422

LITERARE BOOKS INTERNATIONAL LTDA.
Rua Antônio Augusto Covello, 472
Vila Mariana — São Paulo, SP. CEP 01550-060
+55 11 2659-0968 | www.literarebooks.com.br
contato@literarebooks.com.br

SUMÁRIO

5   O QUE APRENDI COM O FRACASSO
Ivana Moreira

9   BEM-VINDO, FRACASSO
Fernando Dolabela

21   O FRACASSO QUE TRANSFORMA
Alessandra Ribeiro

31   EMPREENDEDORISMO E INOVAÇÃO
Alini Engel e Suzana Vitali

39   AQUELA IDEIA BRILHANTE PODE SE TRANSFORMAR EM UM NEGÓCIO QUE PODE MUDAR A SUA VIDA!
Carine Andrade

47   NÃO EXISTE FRACASSO QUE DURE PARA SEMPRE
Chafic Lays

55   A PERSISTÊNCIA É FATOR DETERMINANTE PARA NOSSO SUCESSO?
Daniela Seixas Moschioni

67   O ÊXITO PERPASSA O FRACASSO – O FRACASSO É O QUE VEM ANTES DO SUCESSO
Edna Rosa

75   UMA HISTÓRIA, DOIS SÓCIOS E AS TRÊS LEIS DA PROSPERIDADE!
Fabio Viana e Marcio Nami

81	10 PASSOS DE COMO TRANSFORMAR SEU PASSADO EM SEU SUCESSO ATUAL! **Gislene Titon**
91	PERANTE OS OBSTÁCULOS APRESENTADOS PELA VIDA, LUTE E VENÇA **João Batista Marçal Neto**
97	ALTOS E BAIXOS NÃO DEFINEM O SEU VALOR **Karina de Oliveira Guilherme Vieira**
103	COMO SUPERAR O FRACASSO E TRANSFORMÁ-LO EM SUCESSO **Maria Cristina de Freitas**
111	ROMPENDO LIMITES **Mônica Moraes Vialle**
119	APRENDIZADOS EXTRAÍDOS DO FRACASSO NOS LEVAM AO SUCESSO **Petty Engel**
129	CAMINHADA PARA O SUCESSO **Rainier Nespolo**
137	SOMOS PRISIONEIROS DE "EXPECTROS"!? **René Schubert**
147	O FRACASSO SÓ EXISTE PARA AQUELE QUE DESISTE **Ronaldo Bitencourt Dutra**
155	O SUCESSO ESTÁ EM SUAS MÃOS **Rosângela Lucas**

O QUE APRENDI COM O FRACASSO

Ivana Moreira

Já faz mais de uma década desde que Fernando Dolabela, um dos pioneiros no estudo do empreendedorismo no Brasil, me falou pela primeira vez sobre um evento americano em que os empreendedores são convidados a compartilhar suas histórias de fracasso, numa espécie de congresso do erro. Mas foi só quando eu mesma experimentei empreender – e fracassar – que realmente compreendi a relevância de uma iniciativa como esta, o valor de falar sobre os erros que levam as pessoas ao sucesso e não apenas sobre os acertos.

O ano era 2010 e eu era chefe de redação da rádio BandNews FM em Belo Horizonte. Na emissora, eu também era âncora de um programa chamado "Empreendedores". Toda semana, entrevistava um empresário de sucesso sobre a jornada de construção de seu negócio, sobre seus acertos. Dolabela foi uma das minhas fontes para uma edição especial do programa. E foi paixão à primeira entrevista. Depois daquele papo, ele aceitou meu convite para se tornar colunista da rádio – na qual continua até hoje inspirando ouvintes.

Costumo dizer que a "culpa" por eu ter me tornado uma empreendedora é totalmente dele. Pode soar bem estranho alguém derramar lágrimas ao ler um livro sobre negócios, mas a verdade é que eu chorei (e muito!) lendo seu best seller *O segredo de Luísa*. Eu me enxerguei na protagonista que ele criou para sua obra de ficção. Em 2015, saí de um cargo de editora-chefe na Editora Abril, que ainda era uma das maiores do setor no país, para abrir meu próprio negócio de mídia com a certeza de que tinha algo inovador para oferecer ao mercado. E Dolabela virou meu mentor, meu conselheiro... meu confidente.

Na vida de um empreendedor, existem duas histórias: a que ele conta em público e a que só ele e pouquíssimos confidentes conhecem.O negócio que eu montei foi desde o início um grande sucesso editorial.

Mas os elogios e aplausos nunca se traduziram em dinheiro no caixa. Em pouco tempo, meu sonho de negócio próprio se transformou em uma pilha gigantesca de contas vencidas que eu simplesmente não sabia como pagar. E levou embora tudo que eu havia construído em duas décadas de uma carreira bem sucedida no jornalismo, com passagens por alguns dos maiores veículos de comunicação do Brasil.

Em 2018, apenas três anos depois de me tornar uma empreendedora, eu fali. E descobri que falir dói muito mais na alma do que no bolso, por maiores que sejam as perdas financeiras. É muito difícil desapontar todas as pessoas que acreditaram em você, que apostaram fichas no seu empreendimento – colaboradores, fornecedores, investidores. É angustiante decepcionar a própria família. É doloroso conviver com o julgamento das pessoas – porque nesta hora poucos se lembram de que suas intenções eram as melhores, de seu empenho, de sua dedicação, de seu sacrifício pelo negócio.

Muitos empreendedores não suportam o peso de uma falência – alguns até se matam. Eu nunca pensei nisso, mas confesso que compreendi porque alguns podem chegar a esse extremo absurdo. Entrei numa depressão profunda. Aos 47 anos, com dois filhos para criar, eu simplesmente não sabia como sair do fundo daquele poço. Tinha vergonha de todos, mas principalmente de mim mesma. Não acreditava mais na minha capacidade, nem mesmo como jornalista. De muitas formas, a falência era uma sentença de morte em vida.

Foi quando Leonardo Guedes e Rogério Gabriel entraram na minha vida. Esses dois empreendedores provavelmente nem se conhecem: montaram negócios em áreas totalmente diferentes, em tempos diferentes, com idades diferentes. Mas eles têm em comum a coragem – e a generosidade – de compartilhar as histórias de seus erros e não apenas de seus acertos.

Leonardo é um jovem gaúcho que desenvolveu, em parceria com o irmão, um serviço que está revolucionando o monitoramento da saúde do gado leiteiro em fazendas do Brasil inteiro e também fora do país. Nós nos conhecemos no fim de 2018, numa viagem para o interior do Paraná. Uma amiga querida me havia incumbido da missão de escrever sobre o negócio dele para a revista que publicava. Ela sabia que eu estava precisando desesperadamente de dinheiro para sustentar minha família e, embora eu estivesse visivelmente abalada e pouco produtiva, me deu uma oportunidade.

Eu, a repórter, e Leonardo, o entrevistado, combinamos de nos encontrar no aeroporto de Curitiba, de onde seguiríamos juntos de carro até uma fazenda que era cliente dele. A ideia era que, no caminho, ele me contasse sobre a empresa: a Cowmed. Leonardo poderia ter falado apenas sobre sua história de sucesso o alvo da reportagem. Mas ele escolheu falar também sobre tudo que havia dado errado antes de, enfim, dar certo.

Não vou contar detalhes aqui porque desejo que um dia ele escreva a própria história e, com seu testemunho, ajude outras pessoas como ajudou a mim. Só vou dizer a você, leitor, que não voltei a mesma daquela viagem.

Aquele rapaz, muitos anos mais jovem do que eu, acendeu uma lanterna em direção à porta de saída. Ele iluminou a cena. Ao me contar tudo que precisou fazer para se recuperar de seu próprio momento de fracasso, me mostrou que eu também poderia sair do meu.

Poucas semanas depois da viagem ao Paraná, foi Rogério Gabriel quem terminou de me indicar o caminho. E nem precisou me encontrar pessoalmente: bastou dar uma entrevista carregada de honestidade, de transparência, para a revista "Pequenas Empresas, Grandes Negócios. Hoje dono da maior rede de escolas profissionalizantes do mundo, a MoveEdu, Rogério viu seu negócio no ramo da informática ruir no início dos anos 2000.

Devendo muitos milhões de reais no mercado, foi à lona. Como eu, ele havia sido um respeitado executivo em sua área de formação antes de empreender e chegou a preparar o currículo disposto a aceitar o primeiro emprego que lhe oferecessem, para sustentar a família. Mas sabia que um emprego não lhe daria chance de quitar os passivos e dar a volta por cima. Rogério passou dois anos terríveis até enxergar uma tímida luz no fim do túnel, uma ideia que talvez pudesse salvar o negócio. Descobri pela revista que Rogério havia contado essa história no livro Do chão ao topo e fui logo a uma livraria para comprar a obra que na verdade não comprei. Eu estava tão falida que até para adquirir um livro eu pensava várias vezes. Li a obra em pé, no corredor entre as estantes, em várias idas à Livraria Cultura do Conjunto Nacional, em São Paulo.

E é por causa desses dois empreendedores que este livro está agora em suas mãos. Em janeiro de 2019, eu me prometi que contaria ao mundo que as histórias de sucesso são feitas também de fracassos. A vontade de entrevistar empreendedores que souberam tirar lições de seus erros e seguir em frente me tirou da depressão, me deu motivação para voltar a trabalhar. E a cada história que eu conhecia, mais forte eu ficava.

Não posso dizer que já dei a volta por cima. Mas posso garantir que o encontro com o fracasso me transformou numa profissional melhor, numa pessoa muito melhor. Gosto mais da Ivana que sou hoje, depois do fracasso. Entre 2019 e 2021, eu abri novas frentes de trabalho para sustentar minha família e começar a pagar as dívidas, enquanto tentava reestruturar meu negócio em outras bases. Neste ano, fui selecionada em dois programas de aceleração de *startups*. Eu voltei para o jogo!

A partida será bem longa, eu sei. E não há garantia de que haverá vitória no final. Mas aprendi a valorizar cada *set* como uma nova oportunidade. "Aquele que teme o fracasso limita suas atividades", costumava dizer Henry Ford, o empreendedor americano que enfrentou duas falências antes de fundar a fábrica de automóveis Ford. "Falhar é a única oportunidade de começar de novo de maneira mais inteligente."

As histórias reunidas nesta coletânea são a prova de que ele estava certo. E não havia ninguém melhor do que o professor Fernando Dolabela para dividir comigo a coordenação deste projeto. Generosamente, mais uma vez aceitou um convite meu. É ele quem assina a introdução deste livro.

Antes de aprender a correr, precisamos aprender a andar. E, enquanto estamos aprendendo a andar, às vezes levamos tombos – e alguns deles podem deixar fraturas expostas. Mas, para quem sabe transformar erro em aprendizado, fracasso...ah, fracasso é só o que vem antes do sucesso.

Ivana Moreira é jornalista, consultora em negócios editoriais e palestrante. Começou a carreira em 1995 como repórter do jornal O Estado de S. Paulo, foi correspondente do jornal Valor Econômico, chefe de redação da rádio BandNews FM, chefe de redação da TV Band Minas, editora executiva do Metro Jornal e editora-chefe da revista Veja BH. Em outubro de 2015, fundou a Canguru, uma plataforma de conteúdo sobre infância. Em outubro de 2019, relançou o negócio como Canguru News, uma edtech focada em educação parental que foi selecionada como startup residente do Learning Village, primeiro hub de inovação em educação e desenvolvimento de pessoas da América Latina, uma iniciativa da universidade americana Singularity em parceria com a brasileira HSM.

BEM-VINDO, FRACASSO

Fernando Dolabela

Este livro está destinado a ser uma referência na literatura da **área** porque coloca o repudiado fracasso no lugar que merecidamente conquistou, por ser um poderoso e insubstituível método de aprendizagem: o altar do sucesso. Conto uma pequena história que ajuda a entender o tratamento injusto dado ao fracasso, afinal um bom companheiro para quem experimenta e inova. Há três décadas, quando criei a disciplina de empreendedorismo da UFMG, eu procurava empreendedores para falar sobre seus fracassos. Foi difícil identificá-los pois o fracasso era, e ainda é visto em Belo Horizonte e outras partes do planeta, como um estigma indelével, uma confissão pública da própria incompetência. Tal sensação, que mesmo com intensidade rarefeita ainda persiste, é um dos entraves culturais para se empreender. Enquanto aqui o fracasso é varrido para debaixo do tapete, no Vale do Silício ocupa o altar. Consegui dois empreendedores depois de ouvir coisas do tipo: "procure o meu ex-sócio, mas não mencione meu nome, porque durante a falência nos tornamos inimigos". Os depoimentos foram comoventes. Não só os empreendedores não conseguiram conter as lágrimas. Também eu e os alunos nos emocionamos. Descobri então que eles não falavam de negócios, narravam histórias de amor desfeito. Talvez nesse primeiro contato eles ignorassem que lidavam com o grande mestre. Mas lá estava a lição, pronta para ser colhida. Mas é preciso ter olhos. O sucesso depende de como se reage ao fracasso.

Não só empreendedores e educadores poderão extrair lições preciosas das histórias de empreendedores aqui apresentadas. Afinal, nestes tempos de mudanças aceleradas todos devem desenvolver o hábito de transformar o fracasso em aprendizagem. As diferentes narrativas de fracassos são pistas vivas que revelam como o empreendedor opera. Este é o insólito presente ofertado por este livro ao leitor: desnudar sem rodeios o modelo mental e a forma de ser do empreendedor. Quem está na área sabe que ao ser alcançado, o sucesso teima em apagar os caminhos ásperos que levaram até ele. Este livro é inovador porque escolheu o ângulo mais recôndito para se descobrir talvez o segredo mais precioso dos empreendedores.

Esta radiografia do fracasso é um avanço em relação aos métodos tradicionais de ensino por reconhecer a importância dos erros na geração de conhecimentos. Sempre foi assim, mas só agora começamos a compreender. As histórias reais mostram os erros e seu insuperável poder didático. O ciclo empreendedor: encontrar um problema cuja solução viabilize uma empresa, criar um produto inovador, aprender com os inevitáveis erros, refazer e testar até encontrar a solução que seduz, é uma teoria reconstruída a cada novo produto. Este livro não pretende ensinar, palavra inexistente no vocabulário empreendedor, mas deseja que os leitores aprendam. Talvez mentes forjadas sob os padrões industrialistas não se satisfaçam com histórias comuns flagradas em momentos desairosos: fracassos e erros. E ficarão ressentidas por não encontrar nenhuma dica, nenhum princípio a ser seguido, nenhum curso indicado, nenhuma assinatura de notáveis como Steve Jobs, Barão de Mauá, Elon Musk, ou pareceres de consultores. Forjadas no automatismo das respostas, tais mentes sentem dificuldades em sobreviver em um mundo de perguntas.

Mentes seduzidas pelo empreendedorismo, entretanto, ao lerem este livro não hesitarão em absorver o método que os próprios empreendedores utilizam há séculos: sonhar, deixar-se conduzir pela emoção, exercitar obsessivamente a sua criatividade, e extrair da vida, dos erros e dos obstáculos a energia para criar.

Tenho a esperança de que este livro lave a alma daqueles que na escola foram punidos e insultados pela nota zero. Quem sabe tudo nada tem a aprender.

O fracasso faz parte da natureza do *homo sapiens*. Presente em coisas da alma e do corpo, ele injustamente ganhou no andar dos milênios a reputação de insidioso e mal-educado, desses que entram pela porta dos fundos. Não bastasse a nossa irreprimível vocação para o fracasso, presente em cada fase das nossas vidas, ele se faz protagonista inexorável da nossa última e maior batalha, a luta contra a morte. Cada cultura desenvolve uma reação específica ao fracasso. No Brasil aprendemos a fugir dele como o diabo da cruz. Até hoje, com menor intensidade, entre nós ele é fonte de medo, vergonha, exclusão. Muitos se julgam incapazes de livrar-se das nódoas deixadas por ele. Aos poucos, aqui e ali, ao buscarmos as causas da nossa evolução, estamos descobrindo a sua outra face: é ele, o fracasso, que produz o antídoto contra si mesmo.

Entendendo o fracasso, podemos derrotá-lo. As regiões inovadoras há tempos o tomam como um degrau para o sucesso. Gosto de usar um antigo vídeo de trinta segundos para exemplificar diferenças entre culturas. Nele, ouve-se em background a voz de Michael Jordan, o maior jogador de basquete de todos os tempos, ao entrar nos bastidores do estádio: "eu já errei 9000 arremessos, perdi 300 partidas. Em 26 jogos me passaram a bola no último segundo para que eu decidisse o jogo e eu errei. E arremata: eu errei, errei e errei repetidas vezes. É por isso que tenho sucesso". Se Jordan fosse brasileiro a sua fala seria diferente: "Eu venci, venci e sempre venci. Por isso sou o melhor". Os povos latinos têm dificuldades em aceitar o fracasso. Muitos empreendedores de Quebec no Canadá buscam, após falir, refúgio no vizinho Estados Unidos, onde se acredita que os fracassos credenciam ao sucesso. Infelizmente os empreendedores brasileiros não dispõem de rota de fuga tão cheia de oportunidades. Mas se não fizermos algo, chegaremos ao ponto de ser atraídos pelos vizinhos sul-americanos.

É um erro supor que o fracasso se refira ao indivíduo que o gerou. Na nossa cultura colamos o fracasso à pessoa. No entanto o que fracassa é a empresa, o projeto, o casamento.

O ato sucumbe, ao passo que o ator sobrevive. Quebra a empresa, permanece o empreendedor, ainda mais apto para recomeçar. Do oceano de tais condenações emerge uma categoria que vê no fracasso uma sábia lição. Há quem afirme que, se alguém não fracassa, é porque não está fazendo grandes descobertas. Empreendedores calejados o colocam no altar porque sabem que ele, de preferência praticado na primeira pessoa, produz calos que livros e mestres não podem esculpir.

O fracasso é capaz de moldar atitudes e temperamentos que nos preparam para o inevitável confronto com a aspereza do indefinido, campo em que mergulha o empreendedor. O fracasso não rompe somente as cordas do intelecto, ele só ensina se for sentido no íntimo, se for consequência da busca sincera da realização de uma paixão. Empreendedores erram mais do que todos; para eles sucesso e fracasso são faces de uma moeda viciada que lançada ao acaso mostra o rosto do fracasso mais vezes do que o do sucesso. O inovador é um inconformado irrecuperável que se sente sufocado pelos padrões existentes. Ele julga que pode criar algo melhor ou melhorar o que existe e incorpora a criatividade à sua forma de ser. No seu dia a dia, exercita a imaginação recriando o que vê, brincando com os objetos, sistemas, processos. Os inovadores convivem produtivamente com as dúvidas, pois sabem que elas lapidam a criatividade e alimentam a imaginação. Eles não descartam péssimas ideias, porque de tais rochas inférteis sabem extrair as pérolas. São uns apaixonados. Defendem suas ideias vigorosamente, mas têm consciência de que o arrebatamento desmedido pode cegar. Pessoas criativas reagem ao fracasso de forma diferente das convencionais. Ambas o temem, mas para os inovadores o maior fracasso é não agir. Preferem falir por terem arriscado do que fugir ao desafio de tentar. O sucesso das empresas está ligado à inovação, que gera dúvidas, riscos e prejuízos. Não inovar, não correr o risco, no entanto, produz a certeza da decadência. Empreendedores sabem que serão lembrados pelos acertos e não pelos erros. Thomas Edison errou milhares de vezes e, no entanto, é lembrado por um só acerto: a invenção da lâmpada. Para o empreendedor o fracasso é um membro da família que tem o hábito de aparecer para o jantar sem ser convidado, mas a sua sabedoria faz com que seja festejado. A competência do empreender inclui a harmoniosa e sábia convivência com o fracasso. Acertos no passado não garantem sucesso no futuro. Se assim fosse empresas experientes jamais quebrariam.

Há quem diga que é o talento para contar histórias que nos faz humanos. A educação empreendedora existe timidamente no planeta somente há quatro décadas, tempo suficiente para comprovar que não é um tema que se aprende na escola. No correr dos milênios e até hoje as redes pessoais têm sido a maior fonte de propagação do saber empreendedor. Eu chamo de corredores de aprendizagem as conexões entre pessoas que acontecem nas brechas do mundo estruturado e constituem espaços de exercício da liberdade não sujeitos a controles. Nesses corredores fluem emoções, conhecimentos, sonhos e conteúdos que não fazem parte dos currículos escolares e familiares. Livres de regras e hierarquias, nos corredores uma pessoa está mais próxima de um encontro livre com o diferente, com o não alinhado e com o próprio eu. Este livro descreve o que se pode encontrar nos corredores, que se situam longe das regras do mundo convencional que nos aprisionam. Corredores são espaços de liberdade. Neles aprende quem quiser, o que quiser, na fonte que escolher, sem restrições ou avaliação de terceiros. Cada um busca e filtra o conhecimento sem a mediação de outros terceiros. Grande parte das nossas vidas se passa fora dos contextos formais. No entanto somos pouco preparados para aprender nos corredores onde riscos e ambiguidades exigem sagacidade, ousadia, flexibilidade. Pois bem, os corredores foram durante séculos a única escola de empreendedorismo. Mas que elementos constituem o saber empreendedor? São paixões, atitudes, aspirações, formas de ser e de se ver o mundo. Não podem ser traduzidos em padrões, muitas vezes se distanciam da lógica e sempre são impregnados pelos desejos, preferências e particularidades individuais. O saber empreendedor inclui a liberdade, melhor dizendo, a obrigação de se dizer: eu acho, eu quero, eu sigo os meus desejos, eu arrisco. O saber empreendedor se metamorfoseia e se individualiza ao passar pelo filtro da idiossincrasia, da diversidade personalíssima e da paixão de cada pessoa. Por isso não é replicável e não pode ser ensinado. A história de cada empreendedor, vista sob o ângulo dos fracassos, é talvez uma das fontes mais límpidas e generosas de aprendizagem.

Pouco abordado na filosofia, o fracasso mereceu, no entanto, a atenção do filósofo francês contemporâneo Charles Pépin[1], que dá ao tema o mesmo significado que lhe emprestou o empreendedor. No lugar de tratar o fracasso como ameaça à felicidade e ao amor próprio, Pépin afirma que somente ao experimentar a frustração do fracasso nós nos tornamos humanos. E, não satisfeito, diz que a nossa inteligência está na capacidade de analisar e corrigir nossos erros, o que torna o fracasso, além de inevitável, fundamental. Segundo o filósofo, negar o fracasso seria o verdadeiro fracasso – e é por isso que ele pode nos ajudar, nos orientar e até servir de combustível para o abandono da obsessão por um tipo de sucesso único. O fracasso somente se torna um mestre para quem tem a convicção de que está no caminho certo e se esforça com coragem e originalidade para alcançar o sucesso. Pépin acha que a escola tem uma elevada dose de culpa ao exigir que todos os alunos sejam iguais, que sigam as mesmas regras, que tenham a mesma visão de mundo, que aprendam a mesma história e depois a repitam com a mesma narrativa. Qualquer desvio é considerado uma evidência da incapacidade.

As culturas ocidentais, principalmente as latinas, difundiram o pavor ao fracasso no ambiente de negócios. Entre os romanos, a falência significava a escravidão ou a morte. O credor escolhia a pena. Na Itália medieval o comerciante falido era obrigado a se despir e correr pelas ruas anunciando aos gritos a sua desgraça. Ainda da Idade Média, na França, os comerciantes falidos usavam um pequeno gorro verde e podiam ser apedrejados pela população. Pesquisa do Banco Mundial conclui que em muitos países esse processo, embora sem a selvageria antiga, ainda está em sua infância. No Brasil o fracasso é visto como um traço do perfil individual, um indicador definitivo de que o indivíduo não tem condições de empreender e deve tentar a sorte em um emprego. Aqui, quando uma pessoa abre uma empresa e não tem sucesso, logo recebe a sentença da família, que provavelmente lhe forneceu o capital inicial: "você não tem o perfil de empreendedor". O rótulo não é colocado só pelo lado de fora. O próprio indivíduo, juiz ainda mais severo, julga-se incapaz e só anda para a frente quando se livra da vergonha.

---

1 As virtudes do fracasso, Charles Pépin, Ed. Estação liberdade, 2018.

Na atividade empreendedora, a reação diante do fracasso é decisiva porque determina a capacidade de se perseverar, de superar obstáculos. O empreendedor erra mais do que acerta porque inova. O que seria um fracasso na atividade empreendedora? Podemos tomá-lo como um grande erro, ou o acúmulo de erros que provocam resultados que enfraquecem, paralisam ou inviabilizam a atividade. Há fracassos cabais, letais. Há fracassos menores, que causam prejuízos, mas que não provocam o fechamento do negócio. Grandes ou pequenos, os erros produzem conhecimento precioso para o empreendedor que sabe aprender com eles.

O tempero do Vale do Silício é o fracasso, dizem os que conhecem um e outro. De fato, o Vale é a prova incontestável de que o fracasso é o trampolim para o sucesso. Erros são consequência natural de quem tenta transformar o mundo. A cultura norte-americana rejeita o vencedor que, no seu caminho, não tenha colhido fracassos, caso em que o sucesso teria sido alcançado por sorte, herança, ou atitudes antiéticas, o que, em qualquer hipótese, esvazia o seu mérito. Vários países e regiões tentam emular, sem sucesso, o Vale do Silício. Estudos indicam que três pilares são responsáveis pela fertilidade do Vale: o espírito empreendedor, excelentes universidades de pesquisa e a oferta de capital de risco. Às condições citadas eu acrescento a capacidade de formar redes sociais que são o amálgama capaz de agregar e extrair desses pilares o seu melhor potencial. No entanto, tudo indica que tais condições não são suficientes. Há várias regiões no mundo e nos Estados Unidos que mesmo reunindo os elementos essenciais que explicariam o sucesso do Vale do Silício, ainda não conseguiram se converter em berços de *startups*. Randy Komisar, autor do livro "O monge e o enigma", considera que o fracasso é o fermento que potencializa os outros ingredientes responsáveis pelo sucesso do Vale. Isso não quer dizer que as pessoas sejam a favor do fracasso; mas que elas buscam métodos eficientes de aprender. Erros só ensinam se decorrerem da busca honesta e incontida do sucesso. No Vale o fracasso é tratado com intimidade, como um oráculo que revela a essência. Professores de Stanford dizem aos alunos: "fail fast and frequently". Na verdade, o conselho é um sofisma muito bem sustentado pela lógica e pela prática. O primeiro argumento é um truísmo que reza que se alguém nunca erra e nunca quebra, não está arriscando o quanto deve. Falir no início, na fase de protótipos e lançamento, fica mais barato. O segundo argumento é extraído da prática dos investidores de risco, aqueles que colocam grana em empresas nascentes e as transformam em um Facebook, por exemplo. Como eles perdem dinheiro em 90% das empresas em que investem, a regra é o fracasso e a exceção é o sucesso. Sendo constante a razão entre as quantidades de sucessos e fracassos, para se obter mais sucessos é necessário aumentar a quantidade de falências. Na lógica dos conteúdos curriculares convencionais, seria quase o mesmo que dizer que quanto mais o aluno errar nas provas de matemática, mais perto estará da nota 100. Mas o mundo em que o empreendedor atua não é convencional e, por se referir ao futuro, é caracterizado pela indefinição. Na sua essência o empreendedor é um especialista naquilo que não existe. Ele convive de forma amigável e íntima com o fracasso, e o vê como um cúmplice que vai lhe revelar o caminho para o sucesso. A falência e o erro fazem parte do negócio.

A revolução industrial demandou operadores, pessoas capazes de fazer algo sem cometer erros. O objetivo era produzir o máximo com o menor refugo. A escola aceitou a encomenda e baniu a criatividade dos seus currículos da Educação Infantil até o Doutorado. Até certo ponto a prática de se punir o erro na escola tem sua razão de ser, uma vez que ela lida com conhecimentos em que a resposta é conhecida. Entretanto o erro é inevitável quando se busca a inovação. Como a distinção não é clara, a lição que molda a mente dos alunos é a repulsa a qualquer tipo de erro, uma herança maldita da linha de montagem. O aprendizado infecundo das respostas certas e insossas oferecidas na escola desprepara para o clima de incerteza e imprevisibilidade que envolve a inovação, o empreendedorismo e a vida. Se para a escola os erros são o inferno, para o empreendedor são degraus que levam ao paraíso. Na inovação quem erra pouco acerta quase nada. Ao aplacar a criatividade a educação inutiliza o melhor método de aprendizagem na era da transformação exponencial. Não deve causar espanto a educação empreendedora valorizar o fracasso como fonte de aprendizado. É com os golpes sofridos na vida que nos preparamos para as incertezas do futuro. Os calos nas mãos nos ajudam a arar a terra. Empresas e universidades de ponta começam a utilizar o fracasso no aprendizado. O Google divulgou o método que as suas equipes utilizam para aprender com os erros. O nome é inequívoco: autópsia. Em San Francisco, Califórnia, foi criado o FailCon – algo como "Conferência sobre o Fracasso"–, em que megaempreendedores sobem ao palco para narrar os seus malogros. Na plateia estão centenas de pares ávidos por aprender com os erros dos outros e a errar produtivamente. O ar exala o prazer do encontro dos empreendedores para um *mea culpa* público cheio de ensinamentos. Mesmo porque aprender com os erros dos outros é mais barato. Muitos evitam ter o próprio negócio porque sabem que os erros e fracassos são inevitáveis e podem produzir custos insuportáveis. As punições aos erros são fortes: na escola geram repetência e no emprego aceleram a demissão. Mas só não erra quem passa a vida operando rotinas, na empresa ou na vida. Nas linhas de produção e na gestão operacional os erros devem ser evitados. Todavia é impossível inovar sem erros, porque humanos falham quando mergulham no desconhecido. O inovador e bilionário Jeff Bezos, da Amazon, orgulha-se de ser um *expert* em fracassos. Segundo ele o grande desafio é expulsar o medo de errar e entender que ele é inapelável. As consequências do fracasso, incluindo o sofrimento, são inevitáveis e somente metabolizadas quando o aceitamos como companheiro. O erro não está na pessoa, mas no que ela fez. Para os empreendedores o único fracasso é a desistência. Steve Jobs terminou o seu famoso discurso aos formandos de Stanford com a seguinte mensagem: *stay hungry, stay foolish*. Mantenha-se faminto por coisas novas e sempre assuma a sua ignorância.

Qual terá sido o seu erro mais útil, caro leitor? Para fazer essa apuração teríamos de vasculhar debaixo do tapete, onde ocultamos o lixo. O melhor a ser feito é o que chamo de "currículo do fracasso", mais rico do que o habitual currículo fanfarrão, aquele que só conta vantagens. Somos injustos com os erros porque nos esquecemos que muitos deles nos ajudaram a evoluir. Remoemos não só os desacertos graves como os perfunctórios. Mas por que tememos os erros, a mais sábia lição? A propensão ao erro está no nosso DNA. Nós o repelimos porque possuímos a equivocada presunção de que a perfeição é possível. A autopunição é justa e o arrependimento é natural em pessoas dignas. Mas por que o fracasso nos condena à pena eterna, já que o sentimento de culpa não morre? Evitaríamos o abandono de belos projetos se desde crianças compreendêssemos que o fracasso é um companheiro natural. Empreendedores pressentem que na corrida dos resultados o revés disputa cabeça a cabeça com o sucesso.

O tradicional e leviano *Curriculum Vitae* é a passarela onde desfilam diplomas, prêmios, títulos, honrarias. Lá estão os nossos méritos escolares e profissionais. Vestimos o CV como se veste a roupa de domingo. Quanto mais extenso, maior o orgulho, mesmo se sabendo que as conquistas realmente notáveis tomam poucas linhas. Quanto maior a proficiência, menor será a sua descrição, como é o caso do CV de quatro palavras: "autor de Dom Casmurro". Sendo um troféu, do currículo não constam fatos que não engrandeçam a memória. Além disso, quem tem a coragem de depor contra si mesmo em nome da verdade? A lógica do currículo tradicional é que aprendemos somente com as vivências positivas. Sabemos que isso não é verdade na escola, no trabalho, na vida. Por que então se leva a sério o *Curriculum Vitae*, uma narrativa que expurga as impurezas com o objetivo de encantar ludibriando? Entrevistas de emprego são encenações em que o diálogo esconde as faces menos recomendáveis do candidato e da empresa.

É um mau começo. Não chego ao ponto de sugerir aos candidatos a emprego que desnudem o seu lado humano. Empresas ainda não têm a coragem de aceitar a vida como ela é. Mas já é possível perceber que há quem desconfie que sucessos construídos sem erros, equívocos, ou deslizes recendem a engodo. O currículo do fracasso, descrevendo os erros cometidos nas relações profissionais, escolares e pessoais, além de dar maior clareza à sua história, aumentará o seu aprendizado. Tenho a certeza, caro leitor, de que não se arrependerá de fazer uma tentativa.

Empreendedores usam sistematicamente um outro tipo de apontamento: o currículo do futuro. Sociedades desenvolvidas agem no presente pensando no futuro. Comunidades não transformadoras se prendem ao passado.

Se o fracasso é tão elogiável, como aprender a conviver criativamente com ele? Esta pergunta vale para todos mas é crucial para os empreendedores, que são premidos a seguir o caminho desconhecido e aprendem durante o caminhar, inovando, fazendo, errando, refazendo. Aprender com o erro é para eles uma condição de sobrevivência. É dessa forma que eles expandem a sua capacidade. Cabe aqui o raciocínio aplicado em outras áreas: o fracasso traz em si o germe da sua destruição. A pesquisadora de Stanford Carol Dweck[2] concluiu que somos definidos pela forma que reagimos ao fracasso. Ela constatou que desde os três anos de idade as crianças reagem intensamente aos erros. Algumas ficam prostradas enquanto outras se sentem motivadas, como se dissessem "eu amo o desafio". As crianças que reagem positivamente ao erro desenvolveram o que Carol chama de modelo mental construtivo, porque acham que a sua inteligência e habilidades podem ser melhoradas e entendem que o erro traz a possibilidade de novos aprendizados. Em outras palavras, o fracasso faz parte do seu crescimento mental. Por outro lado, as crianças que se deixam paralisar pelo erro desenvolveram um modelo mental fixo. Para estas a inteligência é imutável, permanece sempre a mesma desde o nascimento. Elas temem que erros nos exercícios escolares podem, aos olhos dos outros, diminuir a sua inteligência. Evitam desafios porque supõem que os seus erros deixam transparecer que elas não são tão inteligentes como se supunha.

Carol surpreende ao sugerir que o método mais eficaz para se desenvolver o modelo mental construtivo nas crianças é o uso correto dos elogios feitos pelos pais e professores. Ela afirma: "jamais elogie uma criança caso deseje que ela desenvolva o seu intelecto, a sua criatividade

---

2 A psicóloga da Universidade de Stanford Carol Dweck passou décadas tentando descobrir como ter sucesso e a maneira certa de falhar. Ela escreveu sobre suas descobertas no livro Mindset: The New Psychology of Success.

e a capacidade de enfrentar desafios e fracassos. Não diga: você é inteligente, talentosa, esperta. Elogie o processo que ela utilizou, valorizando o seu esforço, a sua estratégia, a coragem de assumir tarefas difíceis, de persistir diante dos obstáculos. Enfim estimule a forma como a criança abordou o problema e não os resultados que obteve. O alvo dos elogios às crianças de até três anos de idade determinará o seu modelo mental no futuro e o seu desejo de enfrentar desafios. Elogios dirigidos à inteligência da criança são prejudiciais porque estimulam o modelo mental fixo. A criança passa a evitar situações de risco em que o erro possa comprometer a sua reputação de pessoa inteligente. Por outro lado, ao adotar o modelo mental construtivo a criança passa a ver as dificuldades e desafios como algo divertido com os quais vai aprender. A boa notícia é que o modelo mental construtivo pode ser desenvolvido por meio da educação em qualquer idade". Ao participar de um *workshop* on-line criado por Carol Dweck os adolescentes recuperaram a motivação para aprender, alcançam notas mais altas e demonstram maior capacidade de enfrentar desafios. A pesquisa de Carol Dweck, ainda pouco explorada pela educação empreendedora, abre uma imensa avenida na busca de como efetivamente preparar a criança para, no futuro, reagir positivamente aos erros e ser capaz de aprender com eles.

Aos leitores deste livro deixo uma mensagem otimista: não façam de seus fracassos – em qualquer fase de suas vidas – uma fonte de sofrimento nem os enxotem para baixo do tapete. Coloquem-nos na cristaleira das lições mais ricas. Mais cedo do que supõem o fracasso ocupará lugar relevante nos métodos educacionais. Em estado de sofrimento por seus equívocos e limitações a educação convencional se engana ao fazer supor que aquele que alcança a nota máxima não tem mais o que aprender. Para usar um raciocínio que neste texto se tornou familiar, o melhor que podemos esperar da educação é que ela aprenda com o seu próprio fracasso.

> *No futuro os alunos que alcançarem a nota máxima irão suspeitar que o canal de acesso a novos conhecimentos está mais estreito.*
> *Empreendedores não admitem a avaliação externa convencional. Eles veem os limites como novas possibilidades. Muitos dos seus sucessos foram fecundados pela nota zero.*
> Fernando Dolabela

Fernando Dolabela é referência brasileira em empreendedorismo. É professor, escritor, consultor e conferencista internacional. Suas metodologias de ensino são inovadoras e tratam o empreendedorismo como um instrumento de desenvolvimento sustentável e de justiça social. Sua "Oficina do Empreendedor" já foi implementada por cerca de 4.000 professores universitários. A "Pedagogia Empreendedora" foi aplicada em cerca de 2.000 escolas da Educação Básica e está sendo utilizada pela ONU em vários países. Já atuou como consultor e professor da Fundação Dom Cabral, da UFMG, da CNI-IEL Nacional, do CNPq, do Sebrae, entre muitas outras instituições. Tem experiência em projetos relativos ao desenvolvimento de empreendedores da Base da Pirâmide (BoP). Integrou os Conselhos da Anprotec e da Biominas. Ofereceu seminários de formação de professores para cerca de 5.000 docentes universitários brasileiros. Dolabela nasceu em Belo Horizonte. É graduado em Direito e Administração pela UFMG, pós-graduado pela FGV-SP, mestre em administração pela UFMG. Trabalha com empreendedorismo desde 1992.

1

O FRACASSO QUE TRANSFORMA

Neste capítulo, o leitor entenderá que o fracasso também é importante a partir do momento que percebe de maneira consciente o poder da transformação transcendente que o fracasso pode gerar.

ALESSANDRA RIBEIRO

Alessandra Ribeiro

Formada em Turismo pela Universidade Federal do Maranhão (1996), tem pós-graduação *latu sensu* em Direção de hotéis (Senac/UFJF Minas Gerais, 1998) e MBA em *Dirección de Empresas de Servicios con Especialización en Marketing* (UIB/Palma de Mallorca, 2001). Tem formação nos cursos: Habilidades directivas (Deusto Formación, 2004), *Certificación Internacional Experto en Coaching Personal y Ejecutivo*, con PNL, Neurociencia e Inteligencia Emocional (Programa Superior de Crecimiento y Liderazgo Personal y Profesional EFIC – Madrid, 2019) e *Coaching de equipos* (ESSID – Madrid, 2020).

Contatos
www.alessandraribeiro.com
info@alessandraribeiro.com
Instagram: @ale.ribeiro.coach
+346 2037 0893

O sofrimento, de certo modo, deixa de ser sofrimento quando encontra um sentido.
Viktor Frankl

O que é o fracasso? Você já parou para pensar nisso?

É provável que não, porque ninguém quer fracassar ou começa um projeto pensando em não alcançar o seu objetivo, o que se deseja é ter sucesso em tudo que se faz, seja em um projeto pessoal ou profissional, não é assim?

Mas infelizmente, na hora da verdade, nem tudo o que se projeta sai como o esperado e, quando o resultado não é o que gostaríamos, a sensação que paira é a frustração, aquele sentimento de decepção que acompanha a tentativa falida de alcançar algo.

Antes de falar de sucesso é necessário entender mais sobre o que significa fracasso. Dentro de uma perspectiva etimológica, resulta ser a mistura da palavra italiana *fracasare*, que significa estilhaçar, e do termo em latim *quasarre*, que significa algo que sacode, que se rompe, que se danifica.

Explicando de uma maneira simples, é quando, por causa de uma frustração, somos sacudidos por dentro e algo se estilhaça como um avião ao solo. É quando se rompe a esperança, é o "quebrar a cara" em relação ao resultado de um projeto ao qual se dedicou um relativo esforço.

Fracassar gera uma dor interna que prejudica a alma (psique), afetando o seu estado. Essa dor emocional varia de intensidade e duração em cada indivíduo.

Infelizmente, não existe um antídoto concreto contra o fracasso: é inevitável em algumas ocasiões, vai acontecer mais cedo ou mais tarde, independente da nossa vontade. Isso porque existem fatores que contribuem para que ele aconteça, fatores esses que estão além do nosso controle, ou seja, além do nosso círculo de influência.

E quando isso se der, é necessário ter equilíbrio e saber administrar as emoções geradas pela situação de forma proativa, com uma mente aberta disposta a aprender com a circunstância. É isso que produzirá uma atitude **resiliente e inovadora**, a partir da qual o caráter será moldado, com o desenvolvimento consciente de forças internas que te capacitarão para enfrentar situações difíceis no futuro, bem como para inspirar outras pessoas a terem a mesma conduta de autossuperação, expandindo-as para que novas oportunidades sejam criadas.

E é neste momento que podemos afirmar que **fracassar também é importante**, pois serve como base para uma evolução humana sustentável dentro de uma perspectiva de um crescimento contínuo que transforma o próprio indivíduo e seu entorno de maneira positiva. O fracasso não deve ser condição para sua alienação, mas sim fundamento para a transformação.

Vejamos o exemplo do austríaco Viktor Frankl (1905-1997), médico psiquiátrico sobrevivente de quatros campos de concentração nazistas. Para ele, foram três anos intensos de uma dinâmica terrível de fracasso humano. Privado de sua liberdade, sua saúde foi desgastada e sua dignidade suplantada. Como se não bastasse, perdeu toda a sua família em um contexto cruel de guerra. Mesmo diante de um cenário infernal em face a uma derrota não somente pessoal, mas de toda uma nação, Viktor Frankl sobrevive e supera todas essas circunstâncias dramáticas, produzindo no meio deste contexto aquilo que seria seu maior sucesso, o livro autobiográfico e best-seller internacional *O homem em busca de um sentido*. E cria, ainda, a primeira ciência especializada em sentido da vida do mundo, a *logoterapia*.

Nesta história de resiliência, o autor explica que o homem pode preservar um resquício de uma liberdade espiritual e uma relativa independência mental. Também defende que entre o estímulo e a resposta temos a liberdade interior de escolher aquilo que nos afeta, inclusive mediante às tenebrosas circunstâncias de severas tensões psíquica e física. É preciso ser proativo, e a nossa força interior deve ter maior poder sobre nós mesmos que os elementos externos.

> *Tudo pode ser tirado de um homem, exceto uma coisa: a última das liberdades humanas – escolher a sua atitude em um determinado conjunto de circunstâncias, escolher seu próprio caminho.*
> Viktor Frankl

Viktor Frankl foi transformado pela sua experiência e, a partir disso, deixou um importante legado para a humanidade.

Dentro dessa perspectiva, segundo a PNL, não existe fracasso, e sim um processo de aprendizagem, no qual o homem pode e deve aprender com suas experiências, um aprendizado impulsionado por um movimento interior que engendra uma nova ordem de pensamentos e comportamentos coerentes e em sintonia com o futuro desejado.

E se alguns indivíduos não aprendem, apesar das circunstâncias ruins?

Existem múltiplos fatores que respondem a esta pergunta, desde a existência de problemas neurofisiológicos até a falta da proatividade que, neste caso, não implica só tomar uma prévia iniciativa ante um advento futuro, vai além disso: é submeter sentimentos a valores e ter a coragem de assumir decisões com responsabilidade e daí fazer com que as coisas aconteçam de maneira positiva.

Dentro deste panorama, o não aprendizado reflete uma situação que basicamente incide na falta integral de consciência do estado presente, não permitindo ao homem se dar conta de si mesmo e de sua relação com o entorno.

E neste caso, na ausência de uma aprendizagem efetiva, o fracasso realmente se veste de luto, pois, se por um lado a pessoa não aprende nada com suas experiências vitais, por outro, ela não evolui e fica estagnada em uma zona de conforto negativa.

Entretanto, quando a experiência de fracasso ensina algo, gera uma transformação que transcende ao próprio homem, uma mudança de pensamento que gera outros comportamentos que impulsionam o ser humano a se capacitar mais e a melhorar sua relação com si próprio, com outras pessoas e com o meio ambiente, em um processo de evolução progressivo que o leva a agir com sabedoria e sensatez em seus projetos de vida, bem como a realizar seus sonhos de forma efetiva e saudável.

E por falar em sonho, você tem um?

> *Os sonhos trazem saúde para a emoção, equipam o frágil para ser autor da sua história, renovam as forças do ansioso, animam aos deprimidos, transformam aos inseguros em seres humanos de raro valor. Os sonhos fazem os tímidos terem golpes de ousadia e os derrotados serem construtores de realidade.*
> Dr. Augusto Cury

Partindo desta premissa, sonhar é muito importante, pois os sonhos motivam o ser humano a seguir adiante. Veja a minha história:

Ainda vivia no Brasil e o ano era 2000. Já formada em turismo e pós-graduada em administração de hotéis, inquieta no trabalho que tinha como gerente de restaurante escolar e sem motivação para prosseguir, velhos sonhos insistiam em reaparecer. Um deles, o de viajar pelo mundo. Ainda pequena, a cena de uma novela me impactou. Em *Vereda Tropical*, de 1984, a personagem interpretada pela atriz Maria Zilda, Verônica, andava com passos firmes sobre um piso de madeira em um porto mediterrâneo, com barcos e música ao fundo. Aquela cena me marcou de tal forma que eu levantei em frente à TV e fiz uma declaração. Embora inocente, fui firme: "Um dia eu vou morar ali!"; e o sonho se guardou.

O tempo passou. Já adulta e com outras motivações desgastadas, decidi resgatar o meu sonho de infância e alinhá-lo à minha vontade de me reinventar em níveis profissional e pessoal. Eu sabia que para isso acontecer, era necessário que eu saísse da minha zona de conforto, daquela rotina que estava habituada, que deixasse de fazer as mesmas coisas para ter expectativas de resultados diferentes.

Sair do país para fazer **MBA** era uma excelente opção. Apesar de uma mudança importante, rompi com o desânimo e fui ao encontro do meu velho sonho, o qual se tornou um desafio e se transformou em minha nova motivação. Para isso, escolhi uma universidade na Espanha e viajei com a cara e a coragem, além de muita vontade de vencer e ultrapassar meus limites.

Minha primeira parada foi em Madrid. Tudo era lindo, o velho mundo encanta! Cheguei naquele lugar cheia de expectativas, em um cenário mental criado onde tudo parecia perfeito. Uma nova novela se escrevia e eu era a protagonista: a vereda não era nos trópicos, mas na Europa, e tudo estava em ordem, o cenário estava montado naquela ilha espanhola paradisíaca.

E de repente, caiu a ficha: eu me lembrei do passado e me vi naquela cena marcante da minha infância, na imagem daquela telenovela. Era um sonho tomando forma, pois fui estudar fora do país e, para minha alegria ser completa, justamente em Palma de Mallorca, a mesma cidade daquela cena. Aquela declaração profética se cumpriu – eu estava ali, vivendo aquele sonho.

No começo, estava tudo indo bem: *curriculum* aceito, matrícula realizada, casa para morar... exceto por um importante detalhe, o qual eu havia esquecido completamente:

Eu não sabia falar espanhol!

Na minha ingenuidade, pensava que por eu falar português e pelos dois idiomas serem muito parecidos, eu tinha a certeza de que poderia me virar e falar um "portunhol" sem nenhum problema, pois todos me entenderiam perfeitamente.

Começaram as aulas, então percebi que o meu "portunhol" não era suficiente para fazer uma pós-graduação espanhola, porque mais difícil que traduzir as palavras era traduzir os pensamentos. Eu não conseguia falar nada, ninguém me entendia, minha linha de pensamento era confusa, eu trocava as palavras e as pessoas, literalmente, riam de mim. Parecia um circo, sendo eu a palhaça.

E naquele contexto competitivo eu me via impotente e intimidada. O curso seguiu e os relacionamentos se estreitaram automaticamente por afinidades; eu via os grupos sendo formados, e era a que ficava nos que sobravam.

Aquela sensação de fracasso, frustração e rejeição bateu à minha porta, pois a barreira do idioma me impedia de revelar o meu potencial e participar de maneira efetiva dos grupos e das aulas.

Eu me estilhacei! Como aquele avião que comentei, eu caía ao chão. O meu sonho havia virado um pesadelo.

O pesadelo persistiu durante um tempo, até que decidi acordar. Eu sabia que tinha de fazer algo muito rápido e intenso para poder usufruir daquela oportunidade. Foi quando adotei uma posição estratégica: resolvi comprar alguns livros para estudar os assuntos dos módulos com antecedência e memorizar algumas frases e conceitos dos conteúdos oferecidos. Ao mesmo tempo em que estudava o **MBA**, estudava espanhol – um esforço titânico, onde duas folhas de um livro me exigiam quatro horas de concentração. Os livros de marketing e direção estratégica viraram meus livros de cabeceira.

Minha estratégia funcionou: como já tinha as frases memorizadas, com o coração **gélido** eu respondia àquelas perguntas aleatórias dos professores.

Então, comecei a chamar a atenção. As pessoas se perguntavam: Como uma brasileira que mal fala espanhol sabe responder às perguntas dos professores com uma relativa precisão?

Pois é, nem eu acreditava, mas acontecia. Naquele tempo, a minha memória me ajudava muito e, do grupo dos rejeitados, dos que sobravam, passei a ser procurada para participar dos melhores grupos do curso, meus trabalhos eram solicitados por outros alunos e aquela dor, aquela sensação de fracasso, frustração e rejeição, foi sendo substituída gradativamente pela de vitória. Por fim, fui uma das primeiras a terminar o MBA, inclusive antes de alguns de meus colegas espanhóis.

Mas este não é apenas o relato de uma vitória vazia, vai além. Essa história tem um significado que expressa que todos nós somos dotados de certos recursos internos que podem ser ativados, pois não existem **pessoas** sem recursos, mas sim **estados mentais** sem recursos.

Assim como eu pude, qualquer um pode. Eu não me limitei à barreira do idioma, ao contrário, entendi que teria de me esforçar quatro vezes mais; abri minha mente e reconheci minhas limitações, questionei-as e decidi ultrapassá-las, de maneira que encontrei outras oportunidades para seguir adiante.

E o sucesso chegou em forma de um diploma, com o reconhecimento dos meus colegas e aquela grata sensação de dever cumprido e sonho realizado.

Esta minha experiência ensinou-me aquilo que desejo compartilhar com vocês. Aqui vão algumas pequenas dicas:

1. Sonhe

Declare seu sonho em voz alta e nunca deixe de sonhar. Um sonho é aquilo que te faz seguir adiante, te faz sair de um estado atual para outro desejado. Ou seja: saia da zona de conforto e aproveite o melhor da Terra.

O sonho deve ser acompanhado com ação, porque um sonho sem ação é mera ilusão.

2. Supere o medo

Algumas emoções podem impedir que você alcance seus sonhos e o medo é uma delas. Certos medos até protegem de situações reais de perigo. Entretanto, outros, uma vez alimentados e não tratados, podem gerar pânico, ansiedade, estresse e paralisia, provocando um sequestro emocional. Então, já não é você quem tem o controle, e sim o medo. Saber geri-lo de maneira racional, aceitá-lo como natural e reconhecê-lo é primordial para se poder avançar.

3. Seja estratégico:

É necessário conhecer a sua realidade. Faça uma análise pessoal utilizando a matriz SWOT ou a FOFA. O objetivo dessa análise é avaliar o seu presente e seu futuro dentro de uma perspectiva que te permitirá identificar seus pontos fortes e fracos e determinar o que deve manter forte e aquilo que você deve melhorar. Identificando as ameaças e as oportunidades do seu entorno, isso te situa de maneira mais objetiva e amplia tua visão em relação a novas oportunidades.

A SWOT está distribuída em quatro partes, e é muito simples utilizá-la. Basta responder às perguntas dos quadrantes e avaliar seu contexto.

Matriz SWOT

	Forças	Fraquezas
Análise interna	Em que sou bom? Como isso pode me ajudar a alcançar meus sonhos?	Em que eu devo melhorar para alcançar meus sonhos?
	Oportunidades	Ameaças
Análise externa	Que fatores externos podem me auxiliar a alcançar meus sonhos?	Que fatores externos podem prejudicar no alcance dos meus sonhos?

4. Seja humilde e inteligente:

Se alguém te oferecer ajuda, aceite; e se ninguém te oferecer, peça. Pedir ajuda não tira o seu valor, simplesmente revela sua humildade perante às situações em que você desconhece como agir. Isso é exercer a humildade com inteligência. Simples assim.

5. Ajude, agora é a sua vez!

Depois da tempestade, vem a bonança

A verdadeira característica de uma pessoa de êxito é ter um coração disposto a ajudar, pois a plenitude do sucesso do ser humano só é completa quando aquilo que ele tem gera, transforma e alcança outras vidas de maneira qualitativa. O sucesso do homem não deve incidir nele mesmo, deve ser algo transcendente, que tenha sentido e com atitudes generosas que contribuam potencialmente para que a felicidade seja mais extensiva.

Nesta dinâmica altruísta, o maior beneficiário é aquele que a praticou. Ou seja, pode ser você!

Por isso, sugiro que toque vidas, sempre que puder. Por fim, eu te brindo com este fragmento de um texto de autoria desconhecida:

> Quando tocamos em algo, deixamos as nossas impressões digitais.
> Quando tocamos as vidas das pessoas, deixamos nossa identidade.
> A vida é boa quando você está feliz;
> Mas a vida é muito melhor quando os outros estão felizes por causa de você...

Referências

COVEY, S. R. *Los 7 hábitos de la gente altamente efetiva*. 2. ed. Madrid: Paidós ibérica, 2010.

CURY, A. J. *Nunca desistas dos seus sonhos*. Rio de Janeiro: Sextante, 2004.

DEDC. Disponível em: <http://etimologias.dechile.net/>. Acesso em: 15 out. de 2021.

FRANKL, V. *El hombre en busca de sentido*. Barcelona: Herder editorial, 2015.

2

EMPREENDEDORISMO E INOVAÇÃO

Em todo conto de fadas, a história se inicia com as belas palavras "Era uma vez" e termina com "Viveram felizes para sempre". Porém, sabemos que, na vida real, nem toda narrativa tem esses termos inseridos em seu contexto. Geralmente, grandes histórias demoram para serem construídas e levam tempo para serem contadas.

Todo empreendedor já foi um sonhador. Um dia, sonhou em realizar tal empreitada e lutou para alcançá-la, porém nem sempre alguém lhe contou sobre os obstáculos que enfrentaria pelo caminho, muito menos o preço a ser pago para ter seu sonho concretizado. Quando cientes dos riscos, tais indivíduos acreditam ser possível virar empreendedor, todavia alguns não estão dispostos a pagar o preço, e muitos até refletem se deveriam "tentar ou não"; contudo o persistente, aquele que une todas as forças e está disposto a correr os riscos, vai à luta e, depois de muito esforço e constância, alcança a vitória! Que tipo de profissional você deseja se tornar? Que tipo de empreendedor? Se quer que o seu nome seja lembrado… então vá à luta!

> *Ser um empreendedor é executar os sonhos, mesmo que haja riscos. É enfrentar os problemas, mesmo não tendo forças. É caminhar por lugares desconhecidos, mesmo sem bússola. É tomar atitudes que ninguém tomou. É ter consciência de que quem vence sem obstáculos triunfa sem glória.*
> Augusto Cury

ALINI ENGEL E SUZANA VITALI

Alini Engel

Administradora, contadora, especialista em Gestão Empresarial e Gestão de Pessoas pela UNIDEAU. Atua no setor administrativo e financeiro em uma empresa gaúcha do setor agropecuário, que presta serviços de consultoria animal. Apaixonada pela administração e por histórias empreendedoras, futuramente pretende se tornar mestre em Administração e empreendedora.

Contatos
aliniengel@yahoo.com.br
Instagram: @alini.engel
Facebook: alini.engel

Suzana Vitali

Administradora, contadora, especialista em Gestão Empresarial pela UNIDEAU. Apaixonada por Administração e empreendedorismo, futuramente quer ter seu próprio negócio. Considera-se uma pessoa iluminada e realizada por ser mamãe da amada Maria Eduarda.

Contatos
suzanavitali@gmail.com
Instagram: @suzana.vitalli
Facebook: suzana.vitali

O tema empreendedorismo vem sendo cada vez mais discutido e difundido no Brasil nos últimos tempos. Percebe-se que este novo fenômeno está relacionado à busca da eficiência e à consolidação de novas iniciativas empresariais, com objetivo de investir de forma organizada e competitiva no mundo dos negócios, sendo fator fundamental para o progresso econômico e social das organizações.

O empreendedorismo teve sua origem na reflexão de vários pensadores econômicos dos séculos XVIII e XIX. Conhecidos por defenderem o liberalismo econômico, argumentavam que a ação da economia era refletida pelas forças do mercado e sua concorrência. O empreendedorismo, por sua vez, era visto como um engenho que direcionava a inovação e promovia o desenvolvimento econômico na época.

Na concepção de Hisrich e Peters (2004), um dos primeiros exemplos de empreendedorismo na história foi o navegador Marco Polo, que tentou estabelecer rotas comerciais para o Extremo Oriente. Há vestígios do empreendedorismo também na Idade Média, onde o empreendedor era aquele que administrava grandes projetos de produção, na maioria das vezes com recursos financeiros advindos do governo do país.

O empreendedorismo fez-se presente também entre os clérigos, encarregados na época medieval da construção de obras arquitetônicas, como castelos, prédios públicos e catedrais.

Nos primórdios do século XVIII, o empreendedorismo era visto como um negócio realizado por pessoas que estabeleciam um acordo contratual com o governo, fixando as taxas de juros, nesse caso os riscos, que podiam dar prejuízo ou lucro e eram totalmente de responsabilidade do empreendedor.

No final do século XIX, os empreendedores eram vistos como as pessoas que detinham certa perspectiva econômica a respeito da economia da época, sendo eles os responsáveis por organizarem e operarem uma empresa. Era função dos administradores, como eram chamados, o pagamento dos materiais utilizados pela empresa, pelo uso da terra, pelos serviços das pessoas envolvidas e pelo capital que a empresa necessitava para a sua atuação. Nesse caso, o empreendedor se tornava o responsável pelo desenvolvimento da comunidade onde o seu negócio estava inserido.

Em 1990, já dizia o mestre do empreendedorismo Jeffry Timmons (*apud* Dornelas, 2008, p. 5): "O empreendedorismo é uma revolução silenciosa, que será para o século XXI mais do que a Revolução Industrial foi para o século XX". Acredita-se que o empreendedorismo, cada vez mais, está mudando a forma de fazer negócios no mundo. Dornelas (2008) cita que essa nova forma de negociação foi evoluindo em consequência das mudanças, tanto culturais como tecnológicas, econômicas e sociais. Essas transformações geraram a necessidade de evolução, criando assim o conceito de empreendedorismo, que atualmente tem sido o centro das atenções no âmbito das políticas públicas na maioria dos países.

A palavra empreendedor, originado do francês *entrepreneur*, significa aquele que assume riscos e começa algo novo. Conforme Britto e Wever (2003), uma das primeiras definições do termo foi elaborada no início do século XIX pelo economista francês J. B. Say, como "aquele que transfere recursos de um setor de pouca produtividade para um de maior rendimento".

Para o termo existem diversas definições, uma das mais antigas seria a de Joseph Schumpeter (*apud* Salim e Silva, 2010, p. 8): "O empreendedor é aquele que destrói a ordem econômica existente pela introdução de novos produtos e serviços, pela criação de novas formas de organização ou pela exploração de novos recursos e materiais".

"Empreendedor é aquele que transforma sonhos em ações e ações em resultado", esta foi a definição proposta por Marins (2005), na qual se afirma que sonhar e pensar grande são os principais pontos que caracterizam um empreendedor. Segundo o autor, todos são capazes de ter boas ideias, mas apenas empreendedores conseguem colocar essas ideias em prática.

O empreendedor é aquele que faz as coisas acontecerem, é aquele que consegue identificar alternativas, ter foco e permanecer confiante na ideia até que se torne realidade.

Porém, em virtude das constantes e complexas transformações do mundo contemporâneo e o desenvolvimento tecnológico, as competências passaram a ser cobradas de forma mais rígida, pois precisam possibilitar a adequação, a evolução e até mesmo a sobrevivência das organizações, o que torna o papel do empreendedor fundamental dentro de uma organização. Esse profissional precisa desenvolver habilidades como a capacidade de inovar continuamente, trazendo ideias e inovações que revolucionem a maneira de administrar e tomar decisões, resultando em sucesso para a organização.

Portanto, empreendedor é quem faz algo novo, sai da sua zona de conforto e decide empreender, ou seja, aquele que modifica o estado atual e busca novas oportunidades. Ter foco e inovação são duas ferramentas necessárias nessa caminhada, pois o alcance do sucesso é construído dia a dia, com muito trabalho, sendo que sem batalhas não há glórias.

A ideia da inovação junto com o empreendedorismo é concebida como a criação ou renovação de algo já existente, buscando soluções que sejam práticas e simples, e ao mesmo tempo facilmente entendidas e aceitas pelos consumidores. Inovar implica descobrir formas de transformar tecnologias e aceder ao mercado de maneira a conseguir gerar maior qualidade e menos custos.

A palavra inovação deriva dos termos latinos *in* e *novare* e significa fazer algo novo ou renovar. Nos estudos de Drucker (1987, p. 39), ela é a chave para o nascimento e manutenção de um empreendimento: "A inovação é o instrumento específico do empreendedor", é a atividade central.

Schumpeter (1982) elaborou a teoria da inovação por meio da observação dos ciclos de desenvolvimento do capitalismo, que segundo ele são consequências da combinação de inovações criando-se um novo paradigma, impulsionando assim o crescimento acelerado da economia e, com esta, o desenvolvimento de novos empreendimentos.

A inovação hoje é uma forma de sobrevivência no mercado, uma maneira de poder demonstrar o grande potencial competitivo das organizações mesmo em um contexto repleto de turbulências e imprevisibilidades. Porém, a implantação do processo de inovação demanda muito tempo, conhecimento e, sobretudo, investimentos; assim, os empreendedores precisam ter foco e, principalmente, almejarem o resultado e estarem preparados para este processo.

As empresas precisam saber que seus produtos não irão permanecer no mercado para sempre, pois tudo tem um ciclo de vida, com início e fim; e isso as torna objeto de grande pressão competitiva, com necessidade cada vez maior de se valerem de empreendedores preparados, para assim se destacarem e ficarem à frente da concorrência.

O mercado inovador demanda profissionais criativos, inspiradores e intuitivos, movidos pela paixão de fazer o novo, buscar o diferencial para as empresas e solucionar problemas. As pessoas precisam ser dinâmicas, ter conhecimento e agilidade na tomada de decisão, ser capazes de melhorar processos, reduzir custos e, principalmente, elevar os resultados.

Em contrapartida, as empresas precisam proporcionar ambientes motivadores, inspiradores e com uma cultura encorajadora, de incentivo à criatividade, à busca incessante pelo conhecimento e pelo novo, formando-se assim um elo entre o atual estado organizacional e os objetivos, estratégias e metas a serem alcançados.

Todas as estratégias citadas anteriormente, em conjunto com investimentos em pesquisas e desenvolvimento de novos produtos, melhoramento de processos e atividades, bem como de novas estratégias de inovação, trazem como consequência a redução de custos e o aumento de lucro, resultados das organizações, além do destaque no mercado e o sucesso que também fazem parte deste processo.

Nesse âmbito, a inovação é uma ferramenta indispensável para as organizações obterem os resultados esperados, porém ainda é pouco utilizada pelos novos empreendedores, segundo o Global Entrepreneurship Monitor (GEM – 2019), o qual destaca que o grau de novidade do produto e a tecnologia utilizada são alguns dos aspectos avaliados, que demandam cada vez mais enfoque por parte do empreendedor para possibilitar o alavanque do seu negócio.

Mulheres empreendedoras

E quem disse que mulheres não podem empreender?

Segundo relatório do GEM (2018), no Brasil existem mais de 30 milhões de mulheres empreendedoras, ou seja: 48,7% dos empreendimentos são comandados por mulheres.

Estudos feitos pelo Sebrae mostram que as mulheres empreendedoras são mais jovens e possuem um nível de escolaridade 16% superior em comparação aos homens, porém continuam ganhando 22% a menos na média salarial. Essa desvantagem pode ser vista também quando se trata de acesso a linhas de créditos e financiamentos, sendo que as mulheres têm acesso a um valor menor em relação ao sexo masculino.

As áreas de maior atuação do empreendedorismo feminino estão relacionadas aos setores de alimentação, serviços domésticos, comércio de cosméticos e roupas, moda e beleza.

A inserção das mulheres no mundo dos negócios agrega muito para a sociedade, pois mais que inovadoras, elas não querem apenas ir em busca do lucro com a criação e manutenção de um negócio, mas também serem reconhecidas, se considerarem capazes, independentes e, acima de tudo, se sentirem realizadas pessoal e profissionalmente, afinal, dada a desigualdade na divisão de tarefas entre os sexos, a imensa maioria delas são verdadeiras heroínas: cuidar do próprio negócio, da casa e dos filhos é uma jornada corajosa, que elas enfrentam com muita determinação, amor e disciplina.

Dicas para empreendedoras

- Acredite no seu potencial, confie em si mesma, não desista diante do primeiro obstáculo; errar é inevitável, então, aprenda com seus erros e siga adiante.
- Ninguém nasce sabendo tudo, então aprenda tudo o possível sobre o seu negócio, busque sempre inovar e tenha um bom *networking*, uma rede de contatos com quem você possa contar, amigos, família etc.
- Busque se atualizar com frequência, pois o mundo está em constante transformação e as tecnologias cada dia avançam mais. Você precisa acompanhar esses avanços. Procure sempre ler, estudar e estar informada sobre sua área de atuação, obtenha sempre novos conhecimentos.
- Não tenha medo de inovar: planeje novas ações, crie novos processos e se diferencie do seu concorrente.
- Persista e não deixe ninguém dizer que você não é capaz, pois, como dizia Albert Einstein: "Existe uma força mais poderosa que a eletricidade, o vapor e a energia atômica: a vontade!"

Quando uma mulher vira empreendedora, ela se torna dona do próprio negócio, dona do próprio dinheiro, das próprias escolhas e da própria história.

Estimular o empreendedorismo feminino também é incentivar as mulheres a conquistarem seu espaço no mercado de trabalho, na gestão dos negócios e na liderança familiar.

> *Ser um empreendedor não é esperar a felicidade acontecer,*
> *mas conquistá-la.*
> Augusto Cury

Dicas de leitura

- *Os diferenciais das pessoas de sucesso*, de Eduardo Tevah.
- *Empreendedores de sucesso*, de Jaime Folle.
- *Quem pensa enriquece*, de Napoleon Hill.
- *Os sete hábitos das pessoas altamente eficazes*, de Stephen Covey.
- *Empresas feitas para vencer*, de Jim Collins.
- *O dilema da inovação: quando as novas tecnologias levam empresas ao fracasso*, de Clayton Christensen.
- *A arte de fazer acontecer*, de David Allen.

Referências bibliográficas

BRITTO, F.; WEVER, L. *Empreendedores brasileiros: vivendo e aprendendo com grandes nomes.* Rio de Janeiro: Campus, 2003.

CURY, A. J. *Dez leis para ser feliz: ferramentas para se apaixonar pela vida/Augusto Cury.* Rio de Janeiro: Sextante, 2003.

DORNELAS, J. C. A. *Empreendedorismo: transformando ideias em negócios.* 3. ed. Rio de Janeiro: Elsevier, 2008.

DRUCKER, P. F. *Inovação e espírito empreendedor: prática e princípios.* 2. ed. São Paulo: Pioneira, 1987.

GEM, Global Entrepreneurship Monitor. *Empreendedorismo no Brasil: relatório executivo,* 2018. Disponível em: < https://ibqp.org.br/PDF%20 GEM/Relat%C3%B3rio%20Executivo%20-%20Brasil%202018%20 -%20web.pdf>. Acesso em: 10 jan. de 2021.

GEM, Global Entrepreneurship Monitor. *Empreendedorismo no Brasil: relatório executivo,* 2019. Disponível em: < https://ibqp.org.br/PDF%20 GEM/Relat%C3%B3rio%20Executivo%20Empreendedorismo%20 no%20Brasil%202019.pdf>. Acesso em: 10 jan. de 2021.

HISRICH, R.; PETERS, M. *Empreendedorismo.* 5. ed. Porto Alegre: Bookman, 2004.

HOME DO PORTAL SEBRAE. Disponível em: <https://www.sebrae. com.br/sites/PortalSebrae>. Acesso em: 15 out. de 2021.

MARINS, L. *Homo habilis: você como empreendedor.* São Paulo: Gente, 2005.

SALIM, C. S.; SILVA, N. C. *Introdução ao empreendedorismo: despertando a atitude empreendedora.* Rio de Janeiro: Elsevier, 2010.

SCHUMPETER, J. A. *A teoria do desenvolvimento econômico.* São Paulo: Abril Cultural, 1982.

3

AQUELA IDEIA BRILHANTE PODE SE TRANSFORMAR EM UM NEGÓCIO QUE PODE MUDAR A SUA VIDA!

Neste capítulo, os empreendedores vão entender o quanto é importante se reinventar e como o marketing digital é fundamental nesse processo de mudança, sendo um aliado imprescindível na divulgação de produtos e serviços na internet e nas redes sociais.

CARINE ANDRADE

Carine Andrade

Jornalista, especialista em Mídias Sociais, Comunicação Política e Marketing Digital. Com mais de dez anos de carreira, acumula experiência como repórter de mídia impressa e on-line e assessora de imprensa nas áreas política e corporativa. Em 2013, venceu o Prêmio Sebrae Bahia de Jornalismo, na categoria reportagem web, com a matéria "Empreendedores correm contra o tempo, de olho nas oportunidades da Copa". Autora dos e-books *Pequenas empresas grandes negócios digitais, 127 ferramentas gratuitas que todo jornalista precisa conhecer* e *Check-list: defina seus objetivos e metas do seu negócio*. Atualmente coordena dois projetos de sua autoria: o "AjudeUmJornalista", que ensina, por meio de cursos on-line e vídeos no canal do YouTube, como profissionais da comunicação podem monetizar o conhecimento utilizando estratégias de marketing digital; e o "Mentoria Express – Do Analógico ao Digital", que auxilia empreendedores de todas as áreas a terem uma maior presença on-line e alavancarem suas vendas.

Contatos
www.carineandrade.com
Instagram: @ajudeumjornalista / @mentoracarineandrade

Ninguém tem dúvidas do quanto o ano de 2020 foi difícil para os empreendedores. Com a maior crise sanitária em escala global causada pela pandemia do novo coronavírus (Covid-19), empresas de todo o mundo tiveram de fechar as portas. Todas elas, independente do porte ou ramo de atividade, foram atingidas: umas em maior e outras em menor grau.

O isolamento social, adotado como medida para impedir o avanço da doença, limitou não apenas a circulação de pessoas nas ruas como, também, resultou no fechamento do comércio. Com a crise, muitas empresas "quebraram"!

Os negócios tradicionais, os quais chamo de analógicos, que são aqueles que não têm presença na internet ou nas redes sociais, seguiram off-line (desligados e sem perspectiva). Já os modernos, que eu chamo de digitais, mantiveram-se on-line, ou seja, ativos e em pleno funcionamento.

Mesmo em meio à crise, quem já tinha uma presença on-line conseguiu surfar uma onda jamais vista nos últimos 20 anos. Nunca tanta gente comprou e vendeu pela internet produtos físicos e digitais, a exemplo de cursos on-line e e-books, como em 2020. O perfil do consumidor também mudou. Até quem não tinha esse hábito, como as pessoas idosas (os chamados novos consumidores), passou a fazer compras on-line.

Os dados da 42ª edição do *Webshoppers* ilustram bem esse fenômeno: de acordo com o estudo da Ebit / Nielsen, feito em parceria com a empresa Elo, o e-commerce brasileiro teve um crescimento de 47% no primeiro semestre de 2020 e registrou um faturamento de R$ 38,8 bilhões.

Num jargão bem popular, as vendas pela internet "bombaram" durante a pandemia, superando todas as expectativas. Nesse oceano azul de possibilidades, quem estava preparado nadou de braçada. Quem não estava, se afogou!

O marketing digital é um caminho sem volta!

Hoje em dia, tudo pode ser feito pela internet: desde a compra de produtos físicos e digitais, até o agendamento de serviços e pagamentos bancários. Aí eu lhe pergunto: você conhece alguém que ainda insiste em enfrentar longas e intermináveis filas no banco para pagar os boletos, tendo a possibilidade de fazer isso pelo celular?

Certamente que sim, simplesmente, porque essas pessoas existem! Esse hábito do século passado ainda está presente no século XXI porque muita gente ainda opera no modo analógico e tem resistência em migrar para o digital. Tem pessoas que, sequer, conhecem ainda esse universo. Com as empresas acontece a mesma coisa! Muitos gestores ainda utilizam os métodos tradicionais de divulgação off-line, como a conhecida propaganda boca a boca ou os panfletos, que sujam as calçadas e quase ninguém lê, como única estratégia de marketing. O mundo é digital, as empresas também precisam ser!

Prova disso é que a maioria das pessoas, quando quer comprar algo ou resolver um problema, pesquisa a solução na internet. Basta dar um Google! Até em casos de saúde as pessoas recorrem ao "doutor Google" para pesquisar as possíveis causas de determinados sintomas. Todo mundo faz isso, é instintivo!

Tem até uma frase que diz: "Se uma empresa não está na internet, ela não existe". Para que o seu negócio esteja na internet é preciso investir em marketing digital, que nada mais é do que um conjunto de estratégias e ferramentas que utilizam as redes sociais, sites, e-mail marketing, blog, aplicativos, entre outros, para divulgar produtos ou serviços, atrair clientes e vender mais. E quando eu digo empresa, não estou me referindo especificamente a empresas físicas: a empresa pode ser um profissional liberal que quer se tornar uma autoridade na sua área, um escritor, um vendedor autônomo ou uma dona de casa que quer compartilhar suas habilidades.

É importante frisar que o marketing digital envolve um processo longo de estudo (plantio), investimento (semeadura) e análise dos resultados (colheita). Embora o tempo do mundo virtual seja bem mais rápido do que o do mundo real, os resultados não virão da noite para o dia. Mas, com constância e persistência, eles virão!

Não seja aquele empreendedor cético que desiste na primeira dificuldade. Se achar que não consegue lançar as sementes na terra, esperá-las germinar e fazer a colheita sozinho, contrate profissionais capacitados para ajudá-lo. Seja qual for a sua decisão, tenha paciência e foco!

Objetivo × Meta

Para sair do patamar que você está, é imprescindível definir objetivos e metas claras. É importante entender, também, que objetivo é uma coisa e meta é outra.

Suponhamos que o dono de uma empresa queira triplicar o faturamento da sua loja matriz e abrir uma filial. Ou que um cantor queira alcançar 100 mil inscritos em seu canal no YouTube. Esses são dois exemplos de objetivo! De uma forma fácil de entender, objetivo é o que você quer fazer ou alcançar, já a meta é o que você vai fazer, quais os caminhos que irá trilhar para alcançar esse objetivo.

É, justamente, aí que muita gente se perde. Não adianta querer muitas coisas, se não está disposto a pagar o "preço" necessário para alcançá-las. E esse "preço" varia muito de uma pessoa para outra. A grande verdade é que muita gente se espelha em pessoas prósperas, quer ter o sucesso ou o dinheiro que elas têm, mas é incapaz de fazer o que elas fizeram para chegar onde elas estão!

Se você quer subir de degrau, trace objetivos e metas realistas de curto, médio e longo prazos. De nada adianta definir objetivos e metas mirabolantes e que dependem de recursos técnicos e financeiros que você não dispõe no momento. Isso só vai despertar em você um sentimento de frustração.

Crie um *mindset* vencedor e comemore as pequenas conquistas, ainda que sejam minúsculas. Todo avanço deve ser motivo de orgulho: os novos seguidores que passaram a acompanhar as suas redes sociais, o lançamento do seu site, novos clientes e parceiros, o fechamento de um contrato. Tudo, tudo mesmo, deve ser comemorado!

Estude o seu público-alvo e a sua persona

Saber identificar o público-alvo e a persona do seu negócio é fundamental para que as suas estratégias de marketing digital deem certo. Com toda certeza, eu lhe afirmo que será praticamente impossível saber com quem se comunicar, como engajar a sua audiência e, consequentemente, vender se você desconhecer esses dois "personagens".

O público-alvo é para quem você quer vender. É um grupo, cujas pessoas têm características semelhantes e podem se interessar pelo seu produto ou serviço, independente de já serem seus clientes ou não. Conhecer o seu público-alvo vai lhe dar um norte nas estratégias de tráfego pago, que são as postagens patrocinadas nas redes sociais, e na produção de conteúdo.

Já a persona, que algumas pessoas chamam de avatar, persona de marketing ou *buyer* persona, é o seu cliente ideal. É um personagem fictício que você irá criar com base em informações reais, como: faixa etária, lugar onde mora, preferências, comportamento, entre outros indicadores.

Fazendo esse exercício será mais fácil visualizar as características do seu cliente em potencial. No meu site www.carineandrade.com/blog tem matérias onde eu ensino como criar o público-alvo e a persona do seu negócio. Basta acessar para conferir!

Descubra onde seus clientes ficam on-line

É importante descobrir onde o seu público-alvo fica *on-line* para que você possa priorizar o marketing nesses locais e estabelecer uma comunicação assertiva.

A maneira mais econômica de fazer isso é perguntando a eles, diretamente ou pelo WhatsApp. Faça perguntas rápidas, como quais as redes sociais que eles mais utilizam e outros hábitos que possam ajudá-lo a traçar uma estratégia de divulgação e vendas.

Não terá muito sentido investir no Facebook se você sabe que a maioria do seu público não acessa essa rede social e, sim, o Instagram. Também não adianta sair criando perfis em todas as redes sociais sem, ao menos, observar sua dinâmica. Entender como cada rede social funciona e como ela pode trazer resultados vai fazer toda a diferença na estratégia do seu negócio.

Um exemplo é o Tik Tok, que se popularizou por conta dos vídeos curtos e de humor. Se essa não é uma rede social interessante para você ou para a sua empresa, fique longe dela. Não queira investir em algo que você não se identifica, ou que pode não lhe trazer resultado, só porque está todo mundo fazendo!

O poder do *copywriting*

Esta é uma conhecida técnica de persuasão em vendas. Por meio do uso de gatilhos mentais é possível convencer o seu público-alvo a realizar uma ação de compra.

Você não é obrigado a dominar o *copywriting*, mas precisa entender o porquê de ele ser tão importante. Um exemplo prático de "*copy*" são as páginas de vendas dos produtos que utilizam gatilhos mentais para despertar a atenção do consumidor, tais como: "Só para os primeiros cinco clientes que adquirirem!" e "A promoção é válida até às 23 horas de hoje". Quem nunca se deparou com anúncios que utilizam gatilhos de escassez e urgência?

Seu site é o seu cartão de visitas

Você não é obrigado a ter um site, mas é interessante que tenha um. É nele que o seu cliente irá pesquisar informações sobre você ou a sua empresa. Um site tem uma função de existir e, ao contrário do que muita gente pensa, não deve ser uma página estática que não é atualizada nunca. Por meio do site, você poderá colocar em prática estratégias valiosíssimas de marketing digital e que dão muito resultado, como blog, e-mail marketing e SEO (conjunto de estratégias de otimização de sites que visa melhorar o posicionamento em buscadores, como o Google, de maneira espontânea, sem anúncios).

Se você ainda tem resistência em ter um site ou acha que o investimento não é importante, lembre-se de que embora existam muitas redes sociais que você pode usar para alavancar o seu negócio, nenhuma delas é de sua propriedade. Você sequer paga uma taxa para utilizá-las. Você usa as redes sociais dos "outros" de graça e, portanto, não tem o direito de reclamar caso alguma coisa venha a acontecer.

Se a rede social que você utiliza sair do ar, o que você irá fazer? Lembra-se do que aconteceu com o Orkut? A rede que era febre nos anos 2000 acabou da noite para o dia!

Se você não tiver o e-mail dos seus clientes tabulados, você terá perdido todo o contato com a sua audiência. As pessoas podem até mudar de telefone ou de endereço, mas dificilmente mudam de e-mail.

De posse do e-mail da sua audiência, você pode enviar informações sobre a sua empresa, produto ou serviço, bem como oferecer vantagens e promoções. Existem diversas ferramentas de e-mail marketing disponíveis no mercado, com planos de entrada gratuitos, porém limitados. Isso já será o suficiente para você começar!

Princípios para você lembrar e usar

- Comece o seu negócio com o que você tem. Invista em conhecimento e não desperdice dinheiro comprando equipamentos que, sabe lá Deus, se um dia você irá usar.
- Estabeleça metas que sejam realizáveis e gerencie o crescimento da sua empresa com cuidado, sem prejudicar seus objetivos para o futuro.
- Entenda o seu mercado, inclusive as mudanças pelas quais ele possa estar passando.
- Seja um criador de tendências e não, apenas, copie o que os outros estão fazendo!

- Aprenda com os erros do seu passado e, principalmente, com os erros dos outros.
- Não queira reinventar a roda. Estude vários métodos e, partir deles, crie o seu!
- Invista em estratégias e ferramentas de marketing digital e faça parcerias com bons profissionais.
- Trabalhe o seu senso crítico e não se apegue a estratégias que não estão dando certo.
- Tenha um mentor. Alguém que vai pegar na sua mão e compartilhar tudo que ele sabe com você, pois isso tornará a sua jornada menos difícil que a dele!

Referência

SCHNAIDER, A. E-commerce cresce 47%, maior alta em 20 anos. *Meio e Mensagem*, 27 ago. de 2020. Disponível em: <https://www.meioemensagem.com.br/home/marketing/2020/08/27/e-commerce--cresce-47-maior-alta-em-20-anos.html>. Acesso em: 10 jan. de 2021.

4

NÃO EXISTE FRACASSO QUE DURE PARA SEMPRE

Não existe fracasso que dure para sempre. Não existe sucesso que se sustente sem os devidos cuidados com o que se faz e como se conduz os negócios. Todo fracasso ensina muita coisa e torna você mais forte para os próximos passos, para a construção de um novo sucesso. Um fracasso não é nada além de uma etapa que antecede um sucesso ainda mais forte, mais sólido e mais duradouro.

CHAFIC LAYS

Chafic Lays

Graduado em Biomedicina pela Universidade Presidente Antônio Carlos (2009), com especialização em Gestão Laboratorial GMQL/LabBras (2010), pós-graduação em Acreditação: Qualidade no Serviço de Saúde FELUMA/ONA (2015), e Doutorando em Ciências Biomédicas pela IUNIR, na Argentina. É sócio-diretor do Laboratório Centro Clínico Dr. Chafic Lays, delegado do Conselho Regional de Biomedicina (CRBM3) em Minas Gerais e atual conselheiro do CRBM3. Sócio efetivo da Associação Brasileira de Biomedicina (ABBM), Sociedade Brasileira de Análises Clínicas (SBAC) e da Sociedade Brasileira de Patologia Clínica (SBPC). Possui experiência profissional em gestão laboratorial com foco no desenvolvimento estratégico, elaboração e implantação de processos e ferramentas da qualidade total em laboratório de análises clínicas. Também é escritor, conferencista e palestrante.

Contatos
www.laboratoriocentroclinico.com.br
chaficlays@laboratoriocentroclinico.com.br
Instagram: @chaficlays / @laboratoriocentroclinico
Facebook: chaficlays / laboratoriocentroclinico

Minha formação é em Biomedicina. Minha especialidade é em Análises Clínicas. Mas, como a maioria dos empresários de sucesso no mundo, já fiz muita coisa na vida.

Meu pai era filho de libaneses imigrantes e, como primogênito, recebeu o nome de Ibrahim, seguindo uma tradição secular de nossa família libanesa, de alternar os nomes dos primeiros filhos homens entre Chafic e Ibrahim. Assim, me chamo Chafic, filho de Ibrahim, neto de Chafic, bisneto de Ibrahim, e assim por diante.

Passei minha adolescência e juventude na cidade de Santos Dumont, Minas Gerais, onde aprendi a tocar guitarra e cantar de forma autodidata. Apaixonei-me por Beatles, Elvis e o rock. Formei bandas, compus muitas canções, toquei em bares, escrevi poesias, tive carrocinha de churrasco e trabalhei em muitas outras coisas de modo informal.

Aos 18 anos, minha madrinha me arrumou um emprego de recepcionista no hospital da cidade. Foi nessa época que despertou em mim a vocação de servir ao ser humano na área da saúde.

Mas foi só com o passar do tempo que estudei e me formei nessa área. Em 2006, tornei-me sócio de empresas ligadas a análises clínicas, cuidando, principalmente, da área de gestão dos negócios.

Experimentando o sucesso

Durante 12 anos, fui conquistando um sucesso consistente e que poucos empresários conseguem alcançar em tão pouco tempo. Era sócio-administrador de um grupo de empresas, tendo total liberdade de ação nos negócios. No período em que estive à frente dos negócios, praticamente decuplicamos a quantidade de clientes atendidos, expandimos nosso quadro de funcionários e ampliamos significativamente nossas parcerias e o número de postos de atendimento. Conseguimos criar um bom fundo de caixa para os negócios, com uma reserva de segurança e até mesmo capital para reinvestir e expandir a empresa.

Fiquei muito conhecido na região e me tornei uma figura expoente nas análises clínicas, inclusive em nível nacional. Na vida pessoal, eu tinha construído uma casa de alto padrão e até um estúdio de gravação — a música sempre foi uma de minhas paixões. Casado há 15 anos, com um filho de 11 anos de idade, passávamos longas férias nos Estados Unidos e eu frequentava todos os congressos profissionais da minha área, tanto no país quanto no exterior. Estava estabilizado profissional e financeiramente. Imaginava que isso seria assim para sempre.

Enfim, posso dizer que eu tinha uma vida tranquila e acreditava que tudo já estava consolidado. Tinha comigo a certeza de que dali para a frente as coisas só tenderiam a melhorar e que iríamos continuar a crescer em um ritmo semelhante ao que vínhamos fazendo.

Cruzando com o fracasso

Porém, como sabiamente nos alertou William Shakespeare, *"Há mais coisas entre o céu e a terra do que pode imaginar nossa vã filosofia"*. E, assim, como eu jamais poderia esperar, tudo mudou. Foi em 2018 que toda a minha vida ruiu sobre a minha cabeça. Vivi um dos maiores fracassos que poderia imaginar.

Com o transcorrer do tempo, como eu era sócio minoritário na empresa, comecei a enfrentar dificuldades de relacionamento com os outros sócios. Mesmo com todas as vantagens que eu já havia trazido para a empresa, ainda havia algo naquela sociedade que não andava bem. A situação só piorava a cada dia, o que criava uma fragilidade nos negócios, e comprometia tudo o que eu já havia construído.

Em algum momento, a empresa acabou ficando sem reserva de caixa e uma situação anormal surgiu no mercado: começou a haver muita inadimplência dos clientes. Passamos a ter prejuízos enormes.

Em janeiro de 2018, pela primeira vez em 12 anos, a empresa fechou no negativo. A partir daí, a discórdia entre os sócios se acirrou.

E foi assim até que a situação ficou tão ruim que as coisas saíram do controle e eu finalmente deixei a empresa. Foi neste momento que eu, literalmente, quebrei.

O tamanho da quebra

O ano de 2018 foi, sem dúvida, o pior ano da minha vida. Não só pelo prejuízo financeiro que tive ao sair da sociedade, mas principalmente pelos custos emocionais, afetivos, sociais e de relacionamentos que foram gerados na minha vida a partir daquela quebra.

Fiquei com uma dívida bancária que não tinha como pagar. Perdi um casamento em que ainda havia uma boa convivência, me afastei do meu filho que teve de crescer longe do pai, minha mãe adquiriu uma doença grave por conta de todo o estresse que passou me vendo naquela condição. O prejuízo financeiro foi grande, mas o emocional... este foi maior ainda.

Com 53 anos de idade, percebi que teria de recomeçar do zero! Com um detalhe importante e grave: eu não tinha dinheiro guardado, não tinha uma poupança. Todo o dinheiro que eu conquistei havia sido reinvestido na empresa, na minha casa, no lazer com minha família. Não fiz nenhuma reserva pessoal, e hoje vejo que este foi um grande erro.

Neste ponto, minha vontade de trabalhar e lutar para recomeçar a vida já não era tanta. Eu me encontrava em um processo depressivo. Eu tinha perdido TUDO. E isso me limitava, consumia a minha energia. Não tinha forças para reagir, para voltar a lutar pelo que eu acreditava.

Os motivos que levaram a esse fracasso

A bem da verdade, o que considero que favoreceu o meu fracasso foi basicamente eu me acomodar na posição em que estava. Na minha imaginação, eu já estava estabilizado e nada problemático demais poderia acontecer.

Dessa maneira, deixei de me preparar para o futuro, não fiz planejamentos pessoais, não tracei estratégias que me protegessem. Deixei todas as possibilidades atreladas à minha visão um tanto otimista demais da situação. Relaxei nos cuidados necessários e nem mesmo um controle financeiro pessoal eu tinha, o que tornou especialmente difícil a minha recuperação.

Falhei também ao investir tudo em uma empresa que não era somente minha, em uma marca da qual eu não era o dono. Dei tudo de mim em um negócio que não tinha tantas garantias quanto eu supunha. É aquela velha história de "Colocar todos os ovos na mesma cesta... Se a cesta cai, todos os ovos quebram e você fica sem nada".

Tudo bem que assumir a empresa como se fosse minha ajudou o negócio e a mim mesmo a crescer — afinal, desempenhar o papel de dono na empresa em que trabalhamos é bastante útil para estimular o nosso crescimento profissional. Mas no caso de uma sociedade frágil como aquela em que eu estava, era preciso ser mais cuidadoso quanto a isso.

A volta por cima

No meio daquele limbo todo em que caí após sair da empresa, fiquei totalmente sem perspectiva. Esperava até mesmo ser preso a qualquer momento, por não conseguir sequer pagar pensão para meu filho. Entrei em depressão e fiquei por muito tempo em um estado letárgico, só esperando para ver quando e como tudo aquilo iria acabar.

Entretanto, havia algo que me dava certo alento: percebi que na antiga empresa em que eu trabalhava toda a programação estratégica que eu havia criado, todo o planejamento, toda a forma de trabalho, todo modelo de negócios, toda a equipe, absolutamente tudo que eu havia montado e pensado continuava a ser seguido rigorosamente. Até mesmo aquilo que a princípio não era aceito foi seguido posteriormente, exatamente da forma como eu propus.

Isso renovava minha confiança no meu discernimento e na maneira de gerir os negócios e, assim, consegui alimentar uma esperança: eu ainda iria dar a volta por cima naquela situação.

Foi então que, no final de 2019, um excelente profissional da área técnica, que eu respeitava muito, saiu do laboratório onde trabalhava e me propôs que, se eu montasse uma área técnica, ele viria trabalhar comigo. Isso me deixou animado, mas me fez pensar: Como iria montar uma área técnica sem ter nenhum dinheiro? Na mesma época, um colega de profissão, dono de um laboratório em um bairro afastado da cidade, com uma pequena área técnica tentava vender o seu empreendimento, mas não arrumava comprador. Foi quando ele conseguiu uma oportunidade em outra cidade e ofereceu vender-me seu laboratório, e que eu pagasse do jeito que pudesse; e caso eu não conseguisse pagar, poderia até devolver para ele depois. Por incrível que pareça, essas duas situações foram verdadeiros divisores de água na minha vida.

Comecei a pensar nessas duas oportunidades que surgiram e entendi que talvez aquele fosse o momento de mudar a minha vida. Era tudo ou nada, literalmente. Decidi arriscar! Comprei o laboratório e apliquei nele tudo o que eu conhecia, tanto de área técnica quanto de administração. Sentia que isso poderia vir a ser a minha tábua de salvação.

Seis meses depois, consegui pagar o laboratório, regularizei boa parte das minhas dívidas, coloquei aquele excelente profissional para trabalhar como chefe da área técnica, aumentei a equipe e dei uma cartada definitiva. Foi então que comecei a virar o jogo e consegui "sair do atoleiro" em que estava.

O fundamental para eu me recuperar foi eu ter vislumbrado aquela oportunidade, mesmo enquanto estava vivendo e respirando o fracasso, e reconhecer a possibilidade de voltar a galgar posições e retomar o sucesso. Então, eu virei a chave do meu destino e dei início à minha recuperação.

Após comprar mais um laboratório, já contava com sete unidades de coleta, tendo montado uma unidade VIP em um bairro famoso da cidade de Juiz de Fora e parcerias com várias clínicas. Hoje, atendemos em média 200 pacientes por dia, o que é um número bastante expressivo para um laboratório deste porte.

E a empresa está crescendo: tenho uma equipe de 12 pessoas, com gerente, coordenador de produção, responsável técnico e equipamentos suficientes para fazer 80% dos exames de modo independente. Em menos de dois anos, atingi um status inimaginável.

Tudo isso restaurou minha autoestima como administrador, e me devolveu a segurança pessoal de que esta é uma área que domino verdadeiramente.

Além disso, invisto constantemente na minha capacidade de desenvolver ideias inovadoras e sempre visualizo novas estratégias para agregar valor aos meus laboratórios e à minha marca — que hoje é só minha — e ampliar em muito meus negócios.

Para quem está empreendendo um negócio

Assim como todo sucesso deixa rastros, também todo fracasso deixa lições que, se aprendidas, se tornam verdadeiros guias para quem está empreendendo um negócio, minimizando assim os riscos.

Alguns desses pontos são fundamentais. No meu caso, com as dificuldades que enfrentei naquela fase difícil da minha vida, aprendi que:

- É preciso sempre ter um planejamento estratégico, tanto para a empresa quanto para a sua vida pessoal.
- É vital desvincular suas finanças pessoais das finanças da empresa.
- Montar um planejamento financeiro, tanto para a empresa quanto para a sua vida pessoal, é algo que jamais pode ser deixado de lado.
- Tenha uma boa equipe e faça questão de trabalhar sempre com os melhores – isso fará toda a diferença para a consistência de seu sucesso.
- Pague sempre o melhor possível para seus bons funcionários e colaboradores – é importante que eles se sintam recompensados.
- Valorize as pessoas que estão ao seu lado na batalha do dia a dia.
- Ajude o máximo de pessoas que puder. Foi isso que ajudou a me recuperar – como sempre ajudei muitas pessoas, quando eu estava no fundo do poço essas pessoas me estenderam a mão.

- Trate seus concorrentes com respeito; um concorrente não é seu inimigo. Tenha um relacionamento de fortalecimento mútuo com o seu concorrente.
- Prepare-se sempre para o futuro. Não se acomode sobre os louros da vitória.
- Leve sempre em conta que imprevistos podem acontecer. Tenha sempre um plano B, para o caso de as coisas darem errado.

O poder do sucesso conquistado depois de um fracasso

O ano de 2018 foi o maior teste da minha vida, em que fui exigido ao extremo. Passei muitas noites daquele ano procurando entender o motivo de tudo aquilo estar acontecendo, depois de tanta luta em minha vida.

Entretanto, como jamais desisti dos meus sonhos e objetivos, quando surgiu a oportunidade, mergulhei no trabalho e decidi que daria a volta por cima, mesmo não havendo nenhuma luz visível no final do túnel.

Sempre ajudei muitas pessoas durante minha vida e fui muito ajudado também. Acredito nessa corrente do bem. Fiz muita coisa por muita gente, sem esperar nada em troca, somente pelo simples fato de servir e ajudar quem precisa. Em contrapartida, tive também muitas mãos de anjos disfarçados de amigos me segurando naquela terrível fase que passei. Com isso, pude comprovar que tudo o que se faz volta para nós.

Enfim, a principal mensagem que quero deixar é exatamente um reforço para o tema desta obra como um todo. Ou seja: o fracasso é apenas o que vem antes do sucesso.

Acredite: não existe fracasso que dure para sempre. Não existe sucesso que se sustente sem os devidos cuidados com o que se faz e como se conduz os seus negócios.

Entretanto, uma coisa é certa: todo fracasso ensina muita coisa e torna você mais forte para os próximos passos, para a construção de um novo sucesso. Um fracasso não é nada além de uma etapa que antecede um sucesso ainda mais forte, mais sólido e mais duradouro.

5

A PERSISTÊNCIA É FATOR DETERMINANTE PARA NOSSO SUCESSO?

Podemos afirmar que a persistência sempre resulta no sucesso? Até que ponto devemos insistir em um sonho?

A maioria das pessoas bem-sucedidas no mundo atribuiu o seu sucesso ao acúmulo de experiências, erros e fracassos obtidos. Para elas, foi preciso um tempo hábil para se encontrarem as melhores opções e o melhor caminho. O sucesso foi resultado de um amadurecimento.

Neste capítulo, entenderemos melhor o conceito de persistência, como desenvolvê-la e de que forma ela pode ser importante para o nosso sucesso.

DANIELA SEIXAS MOSCHIONI

Daniela Seixas Moschioni

Bacharela em Administração pela UFBA. É *Master coach, business and executive, leader, trainer* e consultora comportamental pelo IBC. Tem MBA em Gestão Empresarial & *Coaching* pelo IBC/Ohio University. Especialista em Recrutamento & Seleção por Competência e Relações Trabalhistas & Sindicais pela FGV. Trabalhou na área de Gestão de Pessoas e Responsabilidade Social em grandes projetos na área de engenharia e construção, como o Belas Business, em Luanda/Angola, o Projeto Submarino (junto à Marinha do Brasil) e o Parque Olímpico (junto ao Comitê Olímpico Mundial), no Rio de Janeiro. Desde 2016, atua como orientadora vocacional, *coach* de carreira & liderança, treinadora e palestrante. Atualmente reside na Flórida, na cidade de Winter Garden, onde fundou a empresa BetterYouInstitute na área de Desenvolvimento Profissional, apoiando estudantes que sonham em cursar uma universidade ou aperfeiçoamento nos EUA. É coautora das obras *Vida com propósito* e *As donas da p... toda*, e autora do *Guia como estudar e morar nos EUA*, que reúne informações sobre intercâmbio, curso de idiomas, **colleges** e universidades para jovens que sonham em viver uma experiência nos EUA e buscam uma carreira internacional.

Contatos
byiusa.com
contact@byiusa.com
+1 407 233-8326 (WinterGarden, FL, EUA)

Todos nós temos em comum a idealização de sonhos. Passamos a maior parte das nossas vidas correndo atrás para realizá-los, acreditando que isso nos fará felizes. E quando não conseguimos, nos sentimos tristes, fracassados e frustrados. Podem ser sonhos profissionais, materiais ou pessoais, como cursar uma determinada universidade, trabalhar em uma das melhores empresas do mundo, comprar uma casa, fazer uma viagem, ser promovido no trabalho ou ainda casar e constituir uma família.

Podemos arriscar também dizer que a maioria de nós tem um conjunto de sonhos e prioridades que passam por diversas áreas da nossa vida, se complementando. Não adianta ser promovido, mas não conseguir comprar a casa dos sonhos. Ou ter sucesso profissional e financeiro, mas não encontrar o amor da sua vida. Para nos sentirmos completos, temos de realizar todo o conjunto que imaginamos ser necessário para nos tornarmos bem-sucedidos.

E, independentemente do tamanho do nosso sonho, a verdade absoluta é que todos nós temos vontade de conquistar algo. E passamos a vida correndo atrás desse algo, baseando nosso sucesso (ou fracasso) na realização desse desejo. E quando, com grande esforço, conquistamos uma coisa que queríamos muito, não nos satisfazemos com essa conquista e já focamos no que ainda falta. E assim vamos levando a nossa vida, correndo em busca do que idealizamos ser o ideal de sucesso, pois é por meio desse sucesso que acreditamos que seremos felizes.

É de fato importante e legítimo construirmos sonhos e estabelecermos prioridades. É fundamental sabermos o que queremos construir na nossa vida, ter um propósito maior e nos desafiar, estabelecendo metas para conquistar esse propósito. E depois, inclusive, buscar um novo desafio ou superar essas metas.

Isso molda nossa identidade, tornando-nos as pessoas que queremos ser. Não nascemos já com nossa identidade totalmente formada, mas vamos moldando-a com base em características já presentes na nossa personalidade, mas também por nossas escolhas diárias. E muitas vezes essas escolhas são influenciadas pelo meio em que vivemos.

Baseamos muito o nosso sucesso por aquilo que é valorizado no meio em que estamos inseridos. Projetamos o que é valorizado no ambiente externo para nossas vidas. Muitas vezes, construímos sonhos e metas buscando o reconhecimento e a valorização desse mundo externo. Todos querem ser reconhecidos e prestigiados. Isso faz parte do nosso DNA. Mas esquecemos de trabalhar mais nossa essência como indivíduo para nos conhecer melhor, entender o que queremos de verdade e buscar, então, realizá-lo.

De qualquer forma, tendo ou não a convicção do que queremos construir ao longo da nossa vida, passaremos por momentos difíceis no decorrer dessa jornada, o que abalará a nossa força de vontade. Conquistar aquilo que desejamos não é fácil, pois muitas vezes nos deparamos com o fracasso, mas isso não pode significar desistir.

A desistência, sim, consolida o fracasso e nos torna fracos perante nós mesmos. É preciso tentar de novo! Depois, de novo e, talvez, mais uma vez. Mesmo que tenhamos de mudar a estratégia ou até reavaliar a viabilidade do que queremos e nos readequar. É preciso seguir em frente e encontrar um novo começo, ou um novo caminho. Persistir não quer dizer continuar insistindo no que não está funcionando. Pode significar também mudar de direção, recomeçar ou construir algo novo. Mas não se acomodar ou desistir de tentar.

Então, a nossa persistência em seguir acreditando que seremos vitoriosos deve estar amparada em algo maior. Persistir é o ato de acionar o nosso poder interno de querer algo e acreditar que é possível realizá-lo, mesmo que existam dificuldades no decorrer do processo. Ser persistente é fortalecer aquilo que nós queremos muito, tornando o nosso desejo mais importante que qualquer obstáculo. Ou seja, refere-se à força interior que temos em manter a constância da nossa atitude perante o mundo todo e continuar agindo na certeza de que iremos alcançar o que tanto sonhamos.

Essa é uma tarefa fácil? Não, não é. Iremos nos deparar com vários problemas que não imaginamos quando iniciamos esse percurso, ainda mais por estarmos tentando algo pela primeira vez e não sabermos o caminho mais viável, por nem termos a certeza absoluta de que seja viável. A vontade de desistir invadirá inúmeras vezes a nossa mente, dominada principalmente pelo nosso medo de falhar e intensificada pelos fracassos e tombos que farão parte do nosso percurso.

É quase impossível obter sucesso na primeira tentativa. Isso tem de estar claro na nossa mente. Tudo é um processo de aprendizado e aperfeiçoamento. Para obtermos sucesso, teremos de tentar uma, duas, três ou mais vezes. Não obterá sucesso aquele que não continuar tentando.

A persistência vai nos moldando e nos trazendo uma maior clareza daquilo que deve ser feito e do que não devemos mais perder tempo insistindo. Não significa desistir do nosso sonho maior, mas enxergar no que devemos ou não apostar, pois insistir em algo que já está comprovado que não é viável não é persistência, mas teimosia. É a partir das nossas próprias tentativas que vamos amadurecendo e tendo mais consciência do que é ou não factível. Ou quais as opções que ainda temos para fazer algo dar certo. Quando essas alternativas se esgotam, deve-se ter a humildade de reconhecer e mudar o objetivo. É necessário buscar um outro caminho que também pode te levar aonde você quer chegar. E é preciso ter muita maturidade para entender esse momento de virada de jogo.

Dando exemplos mais práticos a respeito disso tudo, a maioria das pessoas não é aprovada na primeira entrevista de emprego, mas não busca compreender o motivo ou o que faltou para conseguir a vaga. Ou automaticamente desistem, ou apontam o processo seletivo como falho, ou, ainda pior, se rotulam como incapazes de conseguir passar em outra entrevista para essa ou outra empresa do mesmo porte, já aceitando a primeira oferta de trabalho que aparece e sem voltar a tentar de novo. Tudo isso porque o medo de uma nova rejeição é maior do que a coragem de tentar mais uma vez.

Às vezes, o profissional não tem de fato o perfil da empresa a qual concorreu à vaga ou até mesmo para a área a qual se candidatou. Mas ele pode ter o perfil certo para outra área ou para uma outra empresa de igual renome. O sonho de fazer parte de uma grande companhia e de desenvolver um bom trabalho ainda é viável e não pode sofrer um baque. Muitas vezes, é preciso apenas aprimorar alguma competência ou habilidade e, cuidando disso, o profissional poderá se tornar um candidato ideal para a vaga tão sonhada ou até mesmo para postos mais cobiçados.

Seja desenvolvendo competências, ou mudando talvez o foco ou a área para algo mais adequado ao seu perfil, ou mesmo buscando uma outra empresa, o sucesso em uma outra entrevista ou processo seletivo ocorrerá. Trata-se de algo que apenas será conquistado se desafiando e, especialmente, tendo a coragem de encarar o que ainda precisa ser desenvolvido.

As pessoas não se dão conta como uma entrevista de trabalho pode ser uma oportunidade de perceber lacunas que devem ser tratadas e, quando isso é feito, as oportunidades se multiplicam, pois o profissional se torna mais completo e preparado para o trabalho que irá desempenhar.

Tudo depende da perspectiva, de como encaramos nossos fracassos, e a resiliência em aceitar o que precisamos desenvolver ou aprimorar.

Outro exemplo na área profissional é a busca por uma promoção. Hoje os jovens, em especial, estão muito ansiosos e querem ser promovidos em tempo recorde, mas nem sempre estão capacitados para isso. Ser promovido na maioria das vezes significa liderar equipes. Quando um profissional não está preparado para isso, a promoção pode se tornar um martírio. É muito melhor não receber a promoção que almeja quando ainda não estiver pronto, entendendo o motivo e o que está precisando ser aprimorado e, quando for o momento certo, estar mais fortalecido para desenvolver melhor o seu trabalho.

Mas, em vez de ter discernimento para entender isso, o almejante à promoção se sente frustrado, e em alguns casos resolve até sair da empresa. Esse profissional provavelmente irá se recolocar no mercado de trabalho, mas levará consigo a mesma deficiência para o novo emprego, sendo que ele poderia ter aproveitado a oportunidade para entender seus pontos fracos e buscar melhorá-los para depois vir a buscar uma nova oportunidade de promoção.

Claro que quando o profissional entende que ele está preparado o suficiente para assumir um desafio maior e mesmo assim a empresa não está dando a ele essa oportunidade, ele tem legitimidade para procurar outro caminho e até mesmo outra empresa. Ele não pode se acomodar. O fato é que deveria buscar primeiro esgotar as possibilidades, entendendo o que seria ainda necessário aprimorar, para depois tomar uma decisão mais radical.

A persistência exige paciência e resiliência. Não se pode tomar atitudes antes de avaliar o todo. Decisões erradas podem causar um atraso enorme em um processo que poderia estar indo bem. Partir logo para recomeçar em outra empresa pode significar remar todo o percurso de novo, já que em um novo ambiente o profissional terá de primeiro validar seus resultados. E se ele não entender os pontos que necessitam de melhoria, ele irá levar consigo a mesma deficiência, que provavelmente será percebida pelas lideranças da outra organização.

No âmbito pessoal, podemos citar o mesmo exemplo. A maioria das pessoas não se casa com o primeiro namorado. E, muitas vezes, não é no primeiro casamento que encontram o amor da sua vida. Ou uma relação pode durar anos indo bem, até que o casal passa a não ter mais o mesmo objetivo e resolvem seguir vidas separadas. Seja um namoro longo que chega ao fim, um noivado que não se concretizou em casamento, um casamento desfeito, não importa: em todos os casos geramos aprendizados. E apesar de algum grau de sofrimento que nos gere, esse sofrimento nos torna melhores. Para isso, é necessário ver a nossa parcela de contribuição para o fim da relação. Assim, poderemos fazer diferente e melhor na próxima vez.

Mas antes de partirmos para uma separação definitiva, é necessário também esgotar as possibilidades de uma reconciliação. Deve-se entender as suas falhas no relacionamento e os motivos do desgaste para tentar de alguma forma corrigir. Apontar o dedo para o parceiro não adianta e não resolve. Mesmo que os dois entendam que o melhor seja optar por uma separação, ambos necessitam aprender onde foram falhos, para buscar fazer melhor no futuro.

Precisamos perceber que, em qualquer área das nossas vidas, nós temos o privilégio de poder tentar de novo, depois de novo e, se necessário, mais uma vez. Persistir é na verdade um privilégio que ninguém é capaz de nos tirar, a não ser nós mesmos, quando desistimos. Claro que podemos nos lamentar pelas perdas e sofrer com elas. Isso também faz parte. Mas não devemos estender essa frustração por muito tempo, pois temos de valorizar mais a oportunidade que temos em poder recomeçar, não importa quantas vezes seja preciso. E quando aprendemos com os erros que cometemos, nós amadurecemos, tornamo-nos melhores e tudo tende a ser mais fácil.

Devemos encarar a verdade absoluta de que os resultados podem não ser como nós esperamos e, de certa forma, fazer disso uma "diversão". É quase impossível acertarmos em tudo que tentamos, ainda mais na primeira tentativa. Iremos errar mais do que acertar.

Persistir nos traz novas possibilidades e novas alternativas para seguirmos em frente com nosso sonho ou até mesmo reformatá-lo. Muitas vezes, precisamos apenas ajustar alguns pontos ou rever os fatores que foram críticos para o fracasso que obtivemos. Outras vezes, iremos de fato precisar mudar o rumo, mas já teremos mais bagagem para ir em uma direção mais certa. Analisando o que não deu certo, corrigimos as falhas e ampliamos cada vez mais a probabilidade de acertar na próxima tentativa.

Devemos manter na nossa mente a certeza de que em algum momento acertaremos. E buscar nos desafiar, encarando os fracassos como etapas que precisavam ser cumpridas e transformando-os em aprendizados, e não em fim do jogo. Julgar a nós mesmos ou nos martirizar pelos fracassos obtidos no decorrer da nossa vida não nos dará nenhum retorno. O melhor é entender que os fracassos irão existir. Aceitá-los significa compreender que não somos perfeitos, mas estamos progredindo.

Podemos, ainda, afirmar que a persistência exige muito controle emocional. Se bater o desespero e passarmos a acreditar que nada dará certo, abriremos espaço para o descontrole, e tudo irá desmoronar. Deve-se ter em mente que é persistindo que alcançaremos o sucesso; que a cada fracasso estamos mais perto do sucesso. Ou seja, nada de desculpas ou de desistir no primeiro ou segundo obstáculo! Momentos de dificuldade fazem parte da caminhada e eles vêm para te ajudar a ajustar a rota certa.

Mas, se mesmo buscando ser persistente, você não estiver conseguindo alcançar bons resultados, é hora de analisar suas ações e se elas são condizentes e claras, especialmente para você mesmo. Avalie se o objetivo que você se impõe é mesmo aquilo que você genuinamente deseja, ou se você apenas está buscando satisfazer uma outra pessoa, ou sendo influenciado pelo meio em que vive, mesmo que seja por pessoas que você ama e que amam você.

Muitas vezes nos dão um *script* pronto de como deve ser a nossa vida, em especial nossos pais. Mesmo com a melhor intenção do mundo, não podemos aceitar encenar um roteiro da nossa existência, vivendo uma vida que não queremos. Isso seria muito penoso. Se não estivermos caminhando para o que queremos de verdade, iremos constantemente nos autossabotar, mesmo que de forma inconsciente.

Seja verdadeiro com você mesmo e com aquilo que mais deseja na sua vida. Porque para ser persistente, você tem de acreditar e querer muito realizar o seu sonho. Se não for genuíno, os fracassos irão desmotivá-lo a continuar. Você precisa desejar conquistar esse sonho, mesmo com todas as dificuldades que irá encarar.

A persistência somente sobreviverá se existir verdade nesse sonho. Caso contrário, será abalada logo nos primeiros percalços, porque não é algo que você queria tanto a ponto de pagar o preço para tê-lo. E para conquistar tudo que sonhamos, temos de arcar com o custo da conquista. Pagar essa conta significa persistir.

E se você deseja genuinamente algo já sabendo que é extremamente difícil de atingir, mas não impossível, divida essa meta audaciosa em metas menores, mas que o ajudarão a chegar aonde deseja. Atingindo esses objetivos menores, você terá a sensação de estar progredindo.

Analise também se o seu objetivo precisa de mais tempo para maturar e se você não deveria conceder a si mesmo um prazo maior. Isso requer muito pé no chão, pois é necessário entender muitas vezes que o período que desejamos não é factível. Temos urgência a ter aquilo que queremos. Não queremos esperar. Mas muitos sonhos necessitam de mais tempo para serem viabilizados.

É preciso alta dose de paciência para conseguir o que se deseja no longo prazo. Estabelecendo um prazo maior e ficando bem com esse prazo, a ansiedade pode ser reduzida, pois você já saberá qual é o tempo necessário para obter esse resultado tão desejado e quais metas menores você pode conquistar antes desse prazo. Atingindo o sonho em tempo menor, a expectativa será superada.

É essencial, ainda, ficarmos atentos a determinados objetivos que não dependem de nós para serem alcançados. Como, por exemplo: por mais preparado que você esteja para assumir uma promoção e um cargo mais alto, como o de CEO de uma empresa, se não existir a disponibilidade da vaga que você sonha, nunca você irá conquistá-la, ou levarão alguns anos para que isso ocorra, por mais esforço que venha a fazer. E entendendo isso, você pode redirecionar o seu plano.

Nesse caso, pode-se identificar uma outra função que atenda ao que você almeja na sua trajetória profissional, como conquistar a diretoria na sua área de especialidade, ou a vice-presidência, ou até mesmo realizar uma mudança de empresa.

Deve-se ter muita clareza do que se deseja e bom senso para avaliar se é viável, como também quanto tempo será preciso para isso. Objetivos intangíveis podem gerar um estrago na sua vida. É muito positivo se desafiar, mas é primordial entender os recursos necessários para a conquista desse desafio e se você tem ou conseguirá se munir desses recursos. E também, se esse sonho depende exclusivamente de você, ou se terá de contar com fatores externos para realizá-lo.

Notem ainda que a persistência é o oposto da arrogância, pois ela vem acompanhada de humildade, aprendizados e autocrítica. Ela nos proporciona o discernimento do que é preciso ajustar e corrigir. Seus benefícios ultrapassam a conquista do objetivo, pois sendo persistentes nós crescemos muito e desenvolvemos novas habilidades e conhecimentos.

Uma pessoa persistente é feliz com a própria trajetória, composta de erros, acertos e vários aprendizados nesse caminho. Por conta disso, uma pessoa persistente adquire uma maior autoridade e consegue influenciar positivamente quem está à sua volta, tornando-se um exemplo a ser seguido e conquistando apoio para chegar aonde deseja.

Outro aspecto positivo sobre o ato de persistir é que ele pode ser aperfeiçoado. Persistir é um comportamento, e como tal pode ser aprendido. Existem muitas ferramentas que podem ajudar no desenvolvimento da persistência. Essas técnicas e ferramentas ampliam a nossa percepção, nos geram clareza do que realmente desejamos, reprogramam nossas crenças limitantes e desenvolvem nossa autoconfiança – o que é fundamental para qualquer pessoa conquistar o que sonha. Sem clareza e autoconfiança, fica difícil persistir para chegar aonde deseja.

Mas, afinal, como colocar a persistência em prática? Tudo depende do seu comportamento. Primeiro, entenda o que você deseja de verdade, de forma genuína e sem se deixar influenciar pelo meio em que vive. Pense na sua satisfação. A partir daí, trace um plano composto de recursos necessários, como você irá conseguir esses recursos e quais os fatores críticos e o prazo estimado.

Segundo, livre-se da procrastinação, da prática de uma rotina automática, da má administração do seu tempo e do foco em ações circunstanciais, em vez de focar no que é realmente importante e fará diferença na sua vida. Estabeleça também algumas prioridades que ajudarão você a atingir o que deseja. Essas prioridades irão diminuir a sua ansiedade e te darão a sensação de estar cada dia mais próximo do que você quer.

Além disso, minimize seu medo, saia do seu modo automático, arrisque-se mais, seja mais ousado e audacioso, mesmo que com pequenas ações. Vença seu medo de perder e foque sempre na vontade de ganhar, pois essa vontade deve superar todo e qualquer receio. Para vencermos o medo, que todos nós temos, é preciso encarar nossa vulnerabilidade. Não tenha receio de se pôr na condição de vulnerável, suscetível a erros e julgamentos, pois é nos colocando nessa posição que entenderemos o que precisamos aprimorar, e então, iremos evoluir.

E, finalmente, desenvolva novas habilidades capazes de lhe auxiliar a conquistar aquilo que deseja. Ninguém nasce pronto e nem tem todas as respostas. Estar também ao lado de pessoas positivas e bem-sucedidas em áreas similares à sua pode ajudar muito. Além de inspirar você, elas podem dar conselhos que ajudarão no processo, e talvez te livrem de alguns erros que elas já cometeram.

Visto tudo isso, podemos concluir que a persistência é o ingrediente que qualquer indivíduo precisa para gerar os resultados que espera para sua vida. A pessoa que é persistente desenvolve um maior controle emocional para lidar com seus erros e fracassos e se torna mais capaz de acertar na próxima tentativa.

O alicerce da persistência é a motivação, que nada mais é do que o motivo que você tem para continuar tentando. Devemos acreditar verdadeiramente no nosso sonho e por que desejamos tanto realizá-lo. É essa causa que nos faz seguir em frente. Tenha sempre em mente uma forte razão para continuar persistindo. Quando uma pessoa é persistente, ela sabe que, logo à frente, algo extraordinário e que ela deseja muito vai acontecer. Esse é o motivo de não esmorecer ou desistir.

É isso que nos motivará a sair do nosso estado de inércia, vencer nossos medos, encarar nossa vulnerabilidade, compreender que o percurso tende a ser longo, traçar um plano e começar a agir. Tudo isso, mantendo a consciência de que os fracassos que ocorrerem nada mais são do que oportunidades de crescimento. Algo que precisamos aprender para chegar aonde queremos.

Deseja trabalhar em uma grande empresa? Quer se tornar CEO? Quer abrir seu próprio negócio? Quer constituir uma família? Quer comprar uma casa própria? Tudo isso só será possível se você tiver persistência. No final, você será capaz de enxergar que apesar das dificuldades e dos fracassos, você não desistiu, mas lutou e se tornou merecedor do que conquistou. Seu sucesso não será mais questão de sorte, mas de empenho e merecimento. E o processo, incluindo todos os fracassos, se tornará a sua maior conquista!

6

O ÊXITO PERPASSA O FRACASSO
O FRACASSO É O QUE VEM ANTES DO SUCESSO

"Nenhum problema pode ser resolvido no mesmo nível de consciência em que ele foi criado", frase atribuída a Albert Einstein, contextualizada por mim. Para vislumbrar o próximo nível não basta estar no caminho, é preciso estar no caminho certo, na direção correta e mover-se, dar o próximo passo, e um novo cenário se abrirá para um novo caminhar de infinitas possibilidades.

EDNA ROSA

Edna Rosa

Um de seus propósitos é evidenciar o "Valor", o significado, as capacidades e habilidades pessoais, profissionais. Resgatar talentos, nortear recursos e estratégias em expansão criativa, aplicadas em treinamentos, *workshops*, palestras, cursos de desenvolvimento e programas transformacionais com foco no essencial em si aliado à metodologia FARM (Foco, Ação, Resultado e Melhoria Contínua). Estar em seu lugar no mundo promove o equilíbrio no Universo. É coautora nos livros: *Mapa da vida, Empreendedor total (Literare), Mentalidade de campeão, Você vai ficar sentado aí? - "Ela era um peixe fora d'água – um caso de Sucesso"*. Auditora Fiscal da Receita Federal do Brasil e Seguridade Social por mais de 20 anos, foi Diretora Executiva de Estudos, Planejamento e Projetos na Fundação ANFIP. Atualmente é suplente da diretoria executiva na Fundação ANFIP, com o objetivo produzir e disseminar conhecimentos nas áreas tributária e de seguridade social – patrimônio do povo brasileiro!

Contatos
ednarosa.coachingclub@gmail.com
Instagram: @ednaa.rosa
Facebook: EdnaaRosa
Twitter: @EdnaaRosa
Skype: ednaarosa
LinkedIn: www.linkedin.com/in/ednaarosa
Celular: +55 (11) 98606-7262
WhatsApp: +353 (83) 383 3896

Na interação com o outro, nos revelamos

Nas relações com o mundo interior e o mundo exterior nossas vidas acontecem, além do diálogo interno, além das relações íntimas, além da conversa comigo mesma, na família, com o companheiro íntimo e pessoal, no trabalho, com o dinheiro... vivi e construí ciclos de sucesso permeados por histórias de fracasso. Essa não foi só a minha história, mas também a história de cada um naquele cenário, cada qual dos envolvidos e conectados a mim naquele momento.

Fiquei muito sensibilizada na interação pessoal e interpessoal com a percepção do nível de dor e sofrimento das pessoas que a mim chegavam, me tocavam profundamente, algumas dessas pessoas, como eu, trazendo suas vidas mergulhadas em uma mistura de sentimentos de incapacidade, falta de habilidade e até mesmo de fracasso consumindo o bem-estar pessoal, sem se dar conta de que o real motivo era sempre a necessidade de algo, uma carência de algo além de si mesmas.

Me dei conta de que não havia nada além desse estado de querer encontrar uma consciência maior, uma luz, uma porta, um movimento de clareza e leveza que desse permissão para levantar daquele lugar e dar apenas mais um passo em direção a algo maior, onde a vida continua em seu grande mistério e vai se revelando pouco a pouco em mais conhecimento, mais aprendizado, mais consciência de nossas experiências, de nossas vivências, no agir ao perceber potencializando os bons momentos e, às vezes, ampliando até os "maus" momentos nos mostrando o que não queremos ter e nem queremos ser.

Sim, há relacionamentos que além de mostrar o que não queremos em nossas vidas, por um tempo afastam-nos dos nossos objetivos, e há relacionamentos compensadores que nos aproximam dos nossos sonhos e objetivos, facilitando a realização.

Às vezes, para fazer a coisa certa, é preciso ser firme e desistir
daquilo que mais queremos, até dos nossos sonhos.
Homem-Aranha

Até um tempo atrás, com o conhecimento que possuía eu acreditei ter fracassado, e imaginei que havia sentido o fracasso desde muito cedo, na minha própria pele, na infância, na adolescência, na juventude, na vida adulta, no profissional, nos negócios, até no casamento, em algumas das minhas funções e relações quando o que sonhava era bem diferente do que realizava, causava dor, sonhar e não realizar.

Comecei a perceber a diferença entre relações internas e externas, idealizar e conseguir, culpa e responsabilidade, expectativa e esperança, fracasso e sucesso e percebi que só há fracasso quando assim defino, e descobri que nada é tão bom que não pode ser melhorado, nem tão ruim que não possa ser transformado, eliminando de vez a palavra fracasso nas minhas conclusões e resultados.

Pude aprender nas graduações de matemática e física que a solução de um problema está em compreender a estrutura, que há perspicácia para identificar a operação mais adequada para resolver o problema, além dos limites e crenças, sem dúvidas, sem confusões, a situação até ser resolvida passa por infinitas possibilidades, até chegar ao resultado que nenhum outro caminho poderia levar, fruto de uma leitura segura, natural em um processo interpretativo, individual para se chegar à solução, ao resultado.

Fracasso não é medo do desconhecido, que nos assombra a todo momento que fazemos algo diferente. Aí surge o talvez, que o medo seja a verdadeira "Insustentável leveza do Ser" e talvez fracassar seja:

- Amadurecer.
- Deixar ir embora o que já tivemos medo de perder um dia;
- Deixar aquele lado oculto que insiste em permanecer escondido para nos sabotar e aparecer inesperadamente e lembrar que somos humanos, que temos medo e só haverá fracasso se o medo te paralisar e não puderes seguir em frente...

"Ninguém é mais forte para vencer o seu próprio destino, do que aquele a quem o destino pertence" (HELLINGER, 2004). Além do medo, a vida... e, quando ficamos tomados pelo medo, quando paralisamos... é como se olhássemos para o lado e perdemos o foco por anos a fio, por décadas onde o medo se camufla de diversas formas, especialmente o medo de viver, o medo de arriscar, o medo de impermanência da vida e a aventura de viver em confiança, nos faz ter medo da morte, medo da solidão, medo do inesperado, medo do desconhecido, mas isso não é fracasso; apenas revela o medo que se tem de viver, viver é uma aventura desconhecida, e quem tem medo de ousar, tem medo de viver, tem medo da vida. "Ousadia tem genialidade, poder e mágica. Ouse fazer e o Poder lhe será dado" (GOETHE, 1810).

Por "medo de diversas formas: medo da morte, medo da solidão, medo do inesperado, medo do desconhecido, mas isso não é fracasso; apenas revela o medo que se tem de viver, especificamente o medo da vida.

Essa vida tão linda e tão importante, mas que às vezes insiste em nos intimar, outras nos intimidar e parecer crianças assustadas, adolescentes ou adultos que fracassam temporariamente, sem saber direito como agir e o que fazer, muito menos como seguir em frente.

Sim, temos medo de sair de dentro de nós, é como se eu tivesse medo de sair de dentro de mim mesma e quando voltar já não me encontrar novamente, eu já não ser aquela mesma pessoa, nem ter os mesmos sonhos e não saber quem sou, talvez essa seja o medo, a verdadeira e real "Insustentável leveza do Ser".

Medos diversos, medo do dia, medo da noite, medo do presente, medo de hoje e principalmente medo do amanhã e do desconhecido que vem com o novo; medos conhecidos, medos íntimos, mas que não há clareza no desconhecido até que possamos apreciá-lo e amá-lo e querer mais... além das suas falas, das suas deixas, de seus planos, nem por isso é inseguro ou instável, e sim dinâmico, em movimento, em evolução.

De toda forma, amadurecer possibilitaria apresentar aos demais a criança assustada que há dentro de cada um de nós, a criança medrosa que mascaramos tão bem que, às vezes nem notamos... e o tempo revela, as máscaras caem, já não teatralizamos ou encenamos a nossa vida, nossos sonhos e fantasias, e passamos a viver a verdade que conseguimos alcançar em tudo que somos, e se fizermos diferente da nossa verdade essa seria a forma contundente de fracasso – não viver a própria verdade e os próprios anseios.

Confesso que a maturidade tem me ensinado que a criança que há em mim está querendo aparecer, mostrar e esclarecer que a dor de perder está insuportável, e perder alguém que amamos é terrível e verdadeiro, não se trata de instabilidade ou de fracassos, e sim ciclos e cenários que se encerram e os ciclos bons e ruins na despedida doem.

Por isso quero pôr para fora a dor, o medo e a angústia de tudo que não sou, e que um dia fez calar meus próprios sentimentos, meus próprios pensamentos, minhas próprias percepções, por medo de ser e aparecer quem realmente sou. Seja você sua própria referência, seja você, esteja presente aqui e agora, o tempo que sobrar invista em sonhar, em construir coisas que te aproximam do que você quer, que você pode viver amanhã, pois com ele as possibilidades podem ser maiores e melhores.

O Amor preenche o que a Ordem abarca.
O Amor é a Água, a Ordem é o Jarro.
A Ordem junta e ajunta, o Amor preenche e flui.

Ordem e Amor atuam juntos em cada trecho, não importa o processo em cada trecho da jornada, atuam juntos e esteja você consciente ou não, estas são as Ordens do Amor que vivenciamos em Constelações Sistêmicas a Luz dos ensinamentos estruturados por Bert Hellinger.

A única certeza nesses momentos é que é imperativo seguir em frente, caminhar e apreciar as belezas em cada instante, permanecer no momento presente e, aconteça o que acontecer, continuar caminhando, continuar respirando, continuar sonhando e desejando construir caminhos que te levam mais rápido ao seu objetivo, perceber as escolhas, tomar as decisões com a determinação requerida.

Nas escolhas e condições: uns escolhem caminhar a pé, outros, de carro, de avião, outros escolhem fazer a travessia de navio, de barco, de submarino, em mergulho profundo... assim foram vivenciadas por mim até que conseguisse identificar as capacidades e habilidades na minha interação afetiva pessoal, familiar, social, profissional e de negócios.

Aparentemente, esses são caminhos e atividades na vida das pessoas, ou se tem um problema para resolver ou uma vida para viver...

Não é possível apagar o que foi vivido, o que foi construído ao longo do tempo, o que foi vivenciado até aqui, apenas honrar tudo que te preparou para este momento. Deve-se honrar o resultado alcançado, modificar e transformar na forma pretendida, pois no momento daquela escolha, é o que foi possível com os recursos e estratégias disponíveis naquele cenário, onde a força da vida prevaleceu e o que escolhemos não se cumpriu – a força organizadora da vida foi maior.

E perceber que é recomendável não tomar decisões permanentes em situações transitórias, respeitar a impermanência da vida, pois ninguém pode ser feliz enquanto alguém sofre.

Durante um show em um diálogo com a plateia, Renato Russo perguntou ao público: "quem que já sofreu por amor... euuu, euuu, euuu... isso tudo já se apaixonou de verdade? — Eu sempre faço essa pergunta porque... eu não acredito nisso, cheguei à conclusão que, se o amor é verdadeiro, não existe sofrimento." O amor verdadeiro nunca vai te fazer sofrer, pois quem ama cuida, alivia; e não magoa, nem decepciona.

Não busque pessoas perfeitas porque não somos perfeitos, somos humanos, estamos sempre no **"vir a ser"**, e a cada dia vivenciamos o nosso melhor. Busque apenas pessoas que te reconhecem, que te valorizem pelo que consegues ser, incluindo você!

A vida continua... a vida continua em construção. Assim como dentro de cada homem residem poderes, adormecidos, que o assombrariam por jamais imaginar possuir, também há forças que revolucionam e transformam a vida, há forças que se despertadas, que se reveladas e postas em prática em cada soma de novas ações, construirão e reconstruirão novas bases nas relações consigo mesmo, com as pessoas, coisas e fatos.

Aja, não reaja, pois as ações envolvem a construção e reconstrução em um passo de cada vez, passo a passo, dia a dia, em cada ação uma nova superação culminando em êxito. Não defina, não julgue, não coloque um ponto final e as possibilidades se abrem para recomeçar ou continuar. Ciclos de sucesso encerram-se dando espaço para novos outros ciclos de sucesso e realização.

Sempre haverá um novo tempo, um novo ciclo, um novo ponto de partida, um novo começo nos cenários conhecidos e em novos cenários, em novas conexões compensatórias fundamentadas, em ordem, em comunhão de ideias e atitudes, em conformidade com a lei de troca, ação e reação, dar e receber, dar e tomar para si o que é como é. Se a mudança é necessária para transformar com afeto fraterno, com amor e admiração onde cada um dá o que tem e isso é suficiente, simplesmente essencial e suficiente.

Você é único, esse é o seu poder.
Dave Grohl

Êxito perpassa o "fracasso que vem antes do sucesso". Na abordagem das constelações familiares, empresariais e de negócios são transformações sistêmicas pertinentes à evolução e superação na escalada desta jornada evolutiva.

Uma ação gera uma reação. Uma ação gera uma nova ação, um novo resultado, partindo de onde todos os desfechos são possíveis, de ação em ação, novas possibilidades para alcançar o objetivo pretendido, tipo: É o que tem para hoje... e o que tem para o agora: tomar o resultado obtido, denominado fracasso... um significado dado por você, por mim, por todos os outros, contudo é apenas um resultado.

Transformar os resultados passa pela metodologia **FARM** – **F**oco, **A**ção, **R**esultado e **M**elhoria contínua. Cada resultado permite uma medição, um ponto de mensuração, novas ações, novas escolhas, milhões de probabilidades em infinitas possibilidades, novos caminhos, novos objetivos com foco, ação, resultado e melhoria contínua.

Além do fracasso, sempre haverá novos pontos de partidas,
novos pontos de chegada, enquanto houver vida,
novos horizontes se abrirão,
basta seguir em frente!
Edna Rosa

Referências

CHAPMAN, G. *As cinco linguagens do amor.* Cajamar; Mundo Cristão, 2012.

CHOPRA, D.; KAFATO, M. *Você é o universo: crie sua realidade quântica e transforme sua vida.* São Paulo: Alaúde, 2017.

DISPENZA, J. *Breaking the habit of being yourself.* Califórnia: Hay House, 2012.

DOIDGE, N. *O cérebro que se transforma.* Rio de Janeiro: Record, 2007.

GOETHE, J. W. Doutrina das cores. 4. ed. Nova Alexandria, 2013.

HELLINGER, B. O essencial é simples. Atman Editora, 2004.

HILL, N. *A lei do triunfo: 16 lições práticas para o sucesso.* São Paulo: José Olympio, 1967, 1928.

MURPHY, J. *O poder do subconsciente.* Rio de Janeiro: Nova Era, 1963.

PEARSALL, P. *The heart's code: tapping the wisdom and power of our heart energy.* Ed. Mercuryo, 1999.

RAJNEESH, B. S. *Tantra: a suprema compreensão.* São Paulo: Cultrix-Pensamento, 1975.

ROBBINS, A. *O poder sem limites.* Rio de Janeiro: Record, 1986.

ROBBINS, T. *Desperte seu gigante interior.* Rio de Janeiro: Record, 1991.

RUSSO, R. Renato Russo – Diálogo com a plateia. Publicado no Youtube em 01 set. 2012. Disponível em: <https://www.youtube.com/watch?v=1CkHRJ7pX28>. Acesso em: 15 out. de 2021.

UNIÃO BRASILEIRA DE EDITORAS DE MÚSICA - UBEM, SOLAR Music Rights Management, LatinAutorPerf, Sony ATV Publishing e 6 associações de direitos musicais.

THE PURSUIT of happiness. Direção de Gabriele Muccino. Estados Unidos: Columbia Pictures, 2006. (117 min.)

7

UMA HISTÓRIA, DOIS SÓCIOS E AS TRÊS LEIS DA PROSPERIDADE!

É comum imaginar que suas condições limitam suas escolhas, possibilidades e até mesmo seu futuro. Nota-se, ao longo de anos, que a soma das escolhas é que forma a realidade, que saber dizer "não" é tão importante quanto aceitar certas imposições que a vida nos traz e devemos escolher novos caminhos, que mais vale foco do que intensidade e diversos outros conceitos apresentados neste livro.

FABIO VIANA E
MARCIO NAMI

FabioViana

Convidado a coordenar o programa de Gestão de Finanças Pessoais em uma Cooperativa Financeira, percebeu que gestão de recursos tem tudo a ver com desenvolvimento pessoal. Este *insight* permitiu criar uma metodologia própria: NeuroFinanças. Certificado pelo IFIN – Instituto de Finanças da Fundação Getúlio Vargas, acumula centenas de horas nos principais cursos e seminários comportamentais, projetos, negociação, cooperativismo, *marketing* e gestão estratégica, passando por várias instituições, realizando em média 100 palestras anuais e mais de 1.000 atendimentos em educação executiva nos últimos anos.

Contatos
consultoriapontoc@gmail.com
Telefone comercial: 11 3666435
11 97223 7469

Marcio Nami

Administrador (Unisul); Economista (FAA); pós-graduado em Linguística (UFRJ); mestre em Gestão e Estratégia (UFRRJ); *practitioner* em PNL; especialista em *coaching*; consteladol sistêmico; diretor da Ponto C consultoria; e autor dos livros: *Viabilidade das cooperativas abertas, Visões do Cooperativismo, Views of cooperativism, PNL e cooperativismo, Geração coach, Metacooperar e Ciclos do poder empreendedor.*

Contatos
marcio@consultoriapontoc.com.br
11 99561 6060

Ser filho e neto de comerciantes de ascendência libanesa me trouxe uma paixão forte pelo empreendedorismo. Assim, desde criança eu já negociava revistas, gibis, vendia metais e garrafas, atuava em vários "empreendimentos" diferentes.

Mas por força de diversos fatores, o que chamam de destino, trabalhei durante muito tempo em empresas ligadas ao mercado financeiro, deixando a "gana" de empreendedor escondida por alguns anos.

Quem é empreendedor pode até se aventurar no regime CLT ou no funcionalismo público, mas sua essência nunca se apaga. Tanto que era assim que eu atendia meus clientes, dando orientações de negócios e investimentos, e até mesmo de planejamento e estratégia, sempre com certa leveza e foco no resultado, característicos de quem tem comprometimento com o próximo.

Até que, em um dado momento, após acumular bastante experiência com o atendimento de diversas empresas de todos os portes, achei ter identificado um "oceano azul", ou seja, uma oportunidade para geração de minha própria empresa.

A coisa se deu mais ou menos assim: percebi que muitas empresas precisavam contratar apoio para suas ideias e ações. Mas os "pacotes" vendidos ou eram caros demais, ou não atendiam às necessidades a contento, principalmente das pequenas e médias empresas, de forma que existia uma oportunidade de mercado.

Assim nasceu a Consultoria Ponto C, com a proposta de "oferecer soluções na exata medida da necessidade dos clientes", isto é, sem gorduras, pacotes engessados ou custos agregados dispensáveis. O projeto foi avançando, sempre com desafios na área comportamental e de formação de postura estratégica para funcionários, gestores, gerentes e diretores. Mas sabe quando ainda falta alguma coisa?

Eu sempre fui muito de ideias e percepções, e naquele tempo eu dava aulas enquanto seguia com minha carreira no setor privado, e os clientes vinham organicamente. Mas tudo que deixa você muito envolvido e tomado pela rotina gera a estagnação que precede ao fracasso. Vou te contar o porquê.

Foram anos após viver esse momento, que eu pude compreender a moral presente ali. A vida é norteada por três leis dinâmicas da natureza, e mesmo que os observadores desse breve relato possam encarar com naturalidade, é preciso notar que o invisível também pode ser mensurado.

Trabalho, dinheiro, clientes e estabilidade. Propósito, bons resultados e ação. Status, reconhecimento e poder. Essas coisas te interessam? Pois eu tive tudo isso e comecei com a empresa numa caixa plástica 30 × 40cm (algo que contarei a seguir).

O segundo ato da narrativa poderia ser o final dessa história. Mas não. Porém, quero que fique comigo, pois primeiro vou lhe apresentar as três leis sistêmicas:

Hierarquia

Todos temos um posicionamento consoante à vida. Assumimos uma posição em nossa família, nas empresas, com clientes e também em relação ao dinheiro, e a maneira que conduzimos um desses "universos" muitas vezes é a forma que seguiremos pelos outros setores.

Parece simples, mas é muito profundo. Teu papel como empresário, inconsciente, será mais bem desempenhado se tiver consciência do teu lugar como filho, que também será melhor ao compreender sua função como marido e pai.

Para a consciência empresarial, o empresário é o grande gestor (no sentido de gestação) do produto serviço, responsável por colocá-lo no mundo a fim de resolver um desafio do cliente.

Pertencimento

Essa lei fala também sobre o pertencer das ideias e ideais. Nosso cérebro armazena crenças, valores e situações do passado e dos antepassados. E ao contrário do que eu pensava, minha cabeça empreendedora nunca havia adormecido, pois era ela a responsável pelo foco de atendimento que eu dava aos meus clientes (e com isso vinham as promoções) e pela diversificação de fonte de renda (escola, consultoria e CLT).

O quanto nós percebemos das nossas mais preciosas heranças? Da nossa história? Negar nossos estímulos mais profundos de aprendizagem, no amor ou na dor, é esconder competências de sucesso.

Quando nos damos conta de que nada é por acaso, que nosso cérebro só reconhece aquilo que está dentro de nós, isso nos permite fazer escolhas conscientes e focadas no resultado. Um exemplo a ser explorado são os padrões de riqueza. O quanto as palavras abundância e prosperidade são congruentes com você?

Equilíbrio

É útil perceber o quanto se entrega e o quanto se toma de uma relação, seja ela de âmbito comercial, profissional ou até mesmo societário. Essa lei revela o poder e a importância do movimento, pois para evoluir é necessário que exista um crescente de todas as partes, para que nenhum dos lados se sobrecarregue.

É preciso, portanto, definir papéis, funções, formatar produtos de forma que cada um consiga dar a sua contribuição para um bem maior, afinal, o foco sempre é o resultado, o conjunto da obra.

Como isso foi feito na prática?

O tempo foi passando e a Consultoria Ponto C foi se estruturando em atendimentos de estratégia empresarial, assessoria de diretorias e educação financeira. Em consonância com o ditado africano "se quer ir rápido, vá sozinho; se quer ir longe, vá em grupo", não desperdicei a oportunidade de agregar à sociedade Fábio Viana, um constelador, educador financeiro e marqueteiro profissional que, além de contribuir à sociedade com seus conhecimentos, tornou-se um divisor de águas na empresa, além de um irmão espiritual.

Com os objetivos congruentes e alinhados, aliados à maturidade de métodos e processos e, agora, um pouco mais distantes da base inicial que era a caixa plástica, nos transformamos em uma estrutura com escritório, estúdio de filmagem e equipamentos de ponta para o exercício de nossas lives, eventos, palestras e workshops.

Mas nesse patamar foi identificado um desafio: embora fosse fornecida a estrutura necessária para os atendimentos e ações, alguns clientes se sentiam "inibidos" em falar de sua realidade, especificamente no que dizia respeito a aspectos financeiros. E, assim, unimos o conhecimento e base adquiridos ao longo dos anos – a esta altura já contávamos com centenas de atendimentos, eventos, workshops, vários livros e e-books publicados e uma respeitável carteira de parceiros e clientes – com a experiência do meu sócio em educação financeira, inclusive com certificações atestadas por sólidas instituições, e então nasceu o SAFE® – Sistema de Atendimento Financeiro Estruturado.

Assim, o problema virou uma sólida solução: o programa aliava o conhecimento embarcado da empresa com atendimentos individualizados e dinâmicos, sempre usando muitos conhecimentos de Programação

Neurolinguística (PNL) e Inteligência Emocional, sendo ao mesmo tempo totalmente customizável à realidade dos clientes.

O sistema, que de início já foi um diferencial, evoluiu e se transformou no SAFE® – Sistema de Atendimento e Formação Estruturado. Assim, sem perder a essência, aliou à educação financeira estruturas nas áreas estratégicas e comportamentais.

O sistema é uma plataforma de ensino a distância focada em educação financeira e comportamental e em assuntos correlacionados que favorecem o desenvolvimento dos usuários interessados. São quatro os pilares trabalhados: trilhas de conhecimento, consultorias, oportunidades e eventos. A ferramenta está disponível para todos os usuários e empresas que queiram alavancar seus conhecimentos.

As trilhas de conhecimento são gravadas e reúnem lives, palestras e demais materiais preparados exclusivamente para o desenvolvimento pessoal.

São materiais que contribuem para o aprendizado individual e coletivo, tanto gratuitos como pagos. Na plataforma, estão disponíveis mais de 200 vídeos sobre educação financeira e outros assuntos, além de mais de 20 e-books, artigos e livros.

Já a consultoria é um serviço agendado, com data e hora marcada, realizado por profissionais especialistas, com o intuito de oferecer apoio e orientação personalizada sobre o uso consciente do dinheiro, por exemplo.

O terceiro pilar está relacionado com as oportunidades: a plataforma SAFE® possibilita às empresas e instituições que tenham um site personalizado, onde é possível disponibilizar conteúdo específico desenvolvido a partir da necessidade de cada uma.

A quarta funcionalidade é uma espécie de agenda, que apresenta a programação dos eventos realizados pelo contratante, reunindo em um único local as oportunidades desenvolvidas, as ações e os eventos gerados.

Uma das vantagens do sistema, além dos módulos e *templates* customizados, é o sigilo de confidencialidade da sessão e das informações: não existe sublocação ou dados armazenados em servidor de terceiros, já que a consultoria Ponto C tem a patente da ferramenta.

Assim, evoluiu-se a estrutura da Ponto C Consultoria, sempre com a preocupação essencial de fornecer **transformação direto ao ponto**, guiando nossos clientes e parceiros pelos caminhos que levem ao sucesso e à prosperidade.

80 | Fracasso é apenas o que vem antes do sucesso

8

10 PASSOS DE COMO TRANSFORMAR SEU PASSADO EM SEU SUCESSO ATUAL!

Parece que sua vida está sem sentido? Você faz de tudo, mas não sai do lugar ou não se sente feliz?

Quer almejar aquele sonho de sucesso? Se disse sim para alguma dessas perguntas, este capítulo é dedicado a você. Neste capítulo, você encontrará respostas de como sua história é um marco diferencial em sua carreira profissional, sendo o destaque pessoal de seu sucesso. Praticar o autoconhecimento é entender suas habilidades, seus conhecimentos, bem como a expertise de destaque para encurtar a caminhada de suas ações de hoje até o sucesso que se almeja.

GISLENE TITON

Gislene Titon

Mestra em Gestão e Desenvolvimento Regional, possui aprimoramento internacional em Comunicação, Alimentação, Nutrição e Saúde Pública, pela Universidade de Porto (Portugal), e especialização em Tecnologia da Informação (TI). Também é Nutricionista e Pedagoga. Escreveu vários artigos que foram apresentados nas áreas de saúde, educação e gestão, em âmbitos regionais, nacionais e internacionais. É autora do livro: Governança em saúde no olhar dos secretários municipais de saúde. Atualmente, por meio de seu método diferenciado, ajuda pessoas a terem mais saúde sem que precisem deixar de comer o que gostam. Além disso, atua como mentora de negócios para profissionais da saúde que buscam empreender seus serviços com sucesso, maestria e produtividade. Atende presencialmente e on-line.

Contato
Facebook: nutriementoragislenetiton

Você já pensou o que é ter sucesso para você? Para muitos é ganhar na loteria, é ter o carro do ano, é ter saúde; para outros, é realizar seus sonhos pessoais ou profissionais, entre tantas possibilidades que se pode definir como "sucesso". Você deve estar se perguntando: "O que essa reflexão tem a ver comigo?". Para te ajudar a entender melhor este capítulo, vou te contar brevemente a minha história.

Nasci em 1992, e, como desde pequena fui criada no campo, sempre ajudei na lavoura e no agronegócio da família (hortifrúti). Na adolescência, não foi diferente, pois precisava conciliar meus estudos com a ajuda árdua na lavoura, entendendo de todo o processo desde a plantação, passando por compras de insumos, plantio, cultivo, colheitas, manejo e preparações, até boas práticas, entregas e vendas. Criada "desde o berço" neste ramo, assim segui por quase 29 anos.

Mesmo com todas as dificuldades da época, sempre fui uma aluna dedicada, aquela da carteira da frente na sala de aula. Tinha o costume de analisar o perfil dos professores (pensando e decifrando suas atitudes) e imaginava que um dia poderia ser "mestre como eles". Eu sonhava alto e, a cada nova fase de estudos e dificuldades, pensava em como aquele novo ciclo poderia contribuir com meus sonhos. E como eu conseguia pensar positivo e encontrar soluções mesmo em situações difíceis?

Certo dia, perguntei a uma professora como era fazer mestrado, como funcionava, e ela simplesmente me olhou e falou: "desista desta ideia, fazer mestrado não é para qualquer pessoa" – e ela respondeu bem assim, olhando-me da cabeça aos pés, num tom de arrogância. Para saber o desfecho desta caminhada: se você leu meu currículo, já deve ter notado que fui muito mais longe, não é mesmo?

Hoje possuo uma empresa chamada "Instituto Gislene Titon", em que aplico um método exclusivo de atendimento em nutrição clínica para ajudar pessoas a terem mais saúde sem que precisem deixar de comer o que gostam. Temos também mentoria de negócios, por meio da qual ajudamos profissionais de saúde e alimentação a empreender com seus serviços e/ou produtos com sucesso, diferenciação, posicionamento, vendas, gestão, desenvolvimento estratégico e fidelização de clientes. O que eu vendo é mentoria de negócios, mas o que eu entrego é o desenvolvimento de habilidades humanas, dentre as quais o descobrimento **de como a sua história é o seu marco de diferenciação no seu sucesso.**

Agora, pense comigo: você está mais um mês andando em círculos, tendo sempre os mesmos resultados? Só você sabe quantas vezes já se sentiu assim, mas para mudar é preciso conhecimento, estratégia e ações. Se você soubesse o poder que tem, não sofreria nem mais um dia com isso! Ninguém é mais capaz do que você de elaborar seus planos em prol do seu sucesso, é apenas uma questão de introduzir alguns hábitos, estratégias e ações assertivas para o seu objetivo.

Quanto vale sua dedicação em focar naquilo que efetivamente contribui com seus sonhos, até obter o sucesso desejado? O livro Essencialismo, de Greg Mckeown (2015), traz com nitidez no seu texto a necessidade de você focar no menos, porém produzir mais, isto é, saber dizer não para situações que não são construtivas naquele momento. Sua energia deve ser canalizada para aquilo que deseja almejar de fato.

Pergunto-lhe agora: qual é a sua personalidade na execução de tarefas do dia a dia, ou projetos?

A) Faz de tudo um pouco;
ou
B) Canaliza a energia em um foco principal.

A.

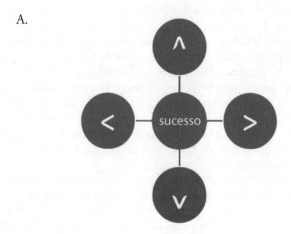

B.

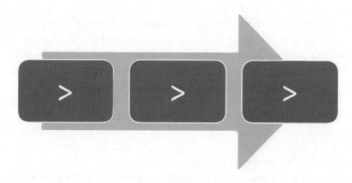

É a partir dessa clareza que você aprende a ter foco no que interessa. Além disso, esse autoconhecimento vai trazer à tona suas habilidades, as quais remetem a tudo o que você gosta, desde a sua infância.

Desde o momento em que nascemos, somos estimulados a nos autodesenvolver em todas as áreas de nosso ser, construindo nossa própria identidade entre uma experiência e outra. Vários autores do desenvolvimento infantil contextualizam essa situação, bem como cientistas da área.

Como exemplo teórico para explicar esses princípios, trago a ótica do construtivismo piagetiano, que trata do conhecimento. Esta é uma teoria epistemológica e psicológica cujo intuito é descrever e explicar como os conhecimentos se desenvolvem, desde o conhecimento elementar até o superior (fase da infância até a vida adulta). Para tal avaliação do desenvolvimento, Jean Piaget buscou na psicologia a distinção do comportamento deliberado e o desenvolvimento psicossocial oriundo da educação familiar ou escolar. Para sua teoria, o pensador propõe a atenção plena (equilíbrio) como desenvolvimento cognitivo, pois caberá a nós escolher como reagiremos às perturbações que o ambiente oferece, podendo anular ou neutralizar essas contrariedades de alguma forma, isto é, o ambiente nos influencia, porém, cabe a nós decidir qual vai ser nossa reação a respeito (Chakur et al., 2004).

Em seu artigo, Henklain e Carmo (2013) buscam adicionar algumas contribuições ao campo da educação. Para isso, partem da definição de comportamento, o qual subdividem em respondente e operante. O primeiro se caracteriza pelos aspectos teóricos e práticos. Já operante é definido como conhecimentos cotidianos. Quanto mais soubermos quais e como as definições nos afetam, maior será a nossa liberdade de mudar nossos caminhos e alterar o nosso futuro.

Conforme Vygotsky (1984), nessa etapa de desenvolvimento a brincadeira é a atividade principal da infância. Para o psicólogo, a brincadeira cria a zona de desenvolvimento proximal e nos proporciona grandes avanços na aprendizagem e no desenvolvimento infantil. Brincar dá à criança a oportunidade de imitar o conhecido e produzir o novo. Sendo assim, agora pare e pense: com o que você gostava de brincar na infância? Ou você teve uma infância difícil, como a minha?

Tudo o que você construiu durante a trajetória da sua vida (ou seja, a sua história) vai influenciar em sua identidade, seu posicionamento, sua capacidade e seu merecimento, isto é, suas crenças e ações. Dito tudo isso, para chegar ao sucesso e à consequente realização dos seus sonhos, você precisa ser congruente com sua essência, seus valores; e os tipos de pessoas com quem convive devem possuir estes mesmos princípios.

Comportando-se assim, você vai **ser** caracterizado pelo seu modo de agir ou se comunicar, vai **fazer** escolhas conforme suas crenças e vai **ter** resultados (Carvalho et al., 2020).

Após ter lido até aqui, você deve estar se perguntando: será que posso me tornar uma pessoa de sucesso, almejando meus sonhos? Sim, todos nós podemos, ainda que seja uma caminhada árdua, que requer planejamento, organização, estratégias e paciência para ir escalando, aos poucos, as metas. É muito importante perceber que o primeiro passo é você compreender que tudo depende da sua essência, do que você viveu, da pessoa que se tornou e das escolhas que faz (Superti, 2020).

Para facilitar sua vida, trago aqui um *check-list* para que entenda por onde realmente começar.

Estes são os pontos que você deve avaliar:

1. Como é sua mentalidade em relação aos seus projetos, você busca soluções para os problemas que surgem ou fica se queixando e entrando em vibes negativas? Quais de suas ações são inteligentes? Está tendo equilíbrio emocional na quantidade certa das suas emoções, nas horas certas, com as pessoas certas?

2. Analise seu diagnóstico profissional.

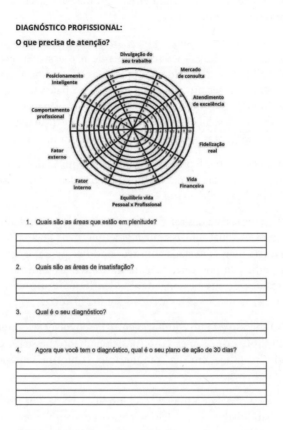

Importante: Não siga a leitura sem ter feito o levantamento de seu momento atual, solicitado no item anterior.

3. Quais foram os pontos em sua história de vida em que mais teve habilidades? Quais são seus pontos fortes?

4. Tudo o que hoje é padrão, um dia foi revolucionário. Dito isso, qual é seu sonho (comportamento) atual pelo qual lhe chamam de louco? Toda ideia revolucionária costuma enfrentar muita resistência de início e críticas. Mas depois, vem a fase em que vão lhe pedir: "Qual é a fórmula?", "O que você fez?". Não permita que pessoas feridas, de

egos inflamados, que não conseguiram alcançar seus objetivos afetem seus pensamentos e despertem gatilhos mentais desconstrutivos para o seu sucesso.

5. Se você busca ter sucesso na realização dos seus objetivos, confira essas características: Você se orgulha de não estar na média? Busca mais validação interna do que aprovações externas? Busca inovações? É movido em ser proativo? Prefere estar no palco do que atuar nos bastidores? Paga o preço por aquilo que deseja? Não procura desculpas, mas sim busca soluções aos problemas? Se você disse sim para mais de 3 dessas perguntas, seu perfil basicamente é ser um nome de sucesso.

6. Quais são suas 5 principais referências, que já fizeram o que você almeja conquistar? (Uma boa sugestão complementar para este ponto é o livro *Mente milionária*.)

7. Faça uma lista das top 3 coisas positivas de cada referência citada no item 6. Qual tem personalidade que mais chama sua atenção? Qual está mais conectada com seu modo de pensar e agir? Conheça seu perfil comportamental para aproveitar as características mais marcantes de sua personalidade. Identifique e use seus principais talentos, analisando suas atividades e sua história.

8. O sucesso está no equilíbrio entre desenvolver seu interno (autoconhecimento) e seu externo (posicionamento pessoal). Como está sendo isso, hoje, em sua comunicação, conforme seus valores (isto é, sua essência)?

9. Vale a pena ser a pessoa certa, no lugar certo. Por isso, aprimore suas habilidades e seus talentos, e use-os em ambientes que precisam de pessoas com o seu tipo de comportamento.

10. De quais histórias você quer viver? Se sua morte fosse hoje, qual história e essência você teria orgulho de deixar como legado, aquela responsável pela construção do seu sucesso?

Você pode perder tudo na sua vida, contudo, havendo autoconfiança, consegue conquistar o que quer que seja para o seu sucesso. Sempre que precisar escolher entre manter sua essência ou ter capital físico, escolha ser você, pois sua inteligência emocional ninguém consegue tirar. Com ela, sempre conseguirá refazer novamente o seu "castelo de sucesso" – e nada melhor que um mentor para te orientar nesta caminhada.

Ninguém quer ter mudanças com processos demorados. Eu sei que é muito difícil dar conta de tudo, mas também sei que é possível! Para tanto, basta fazermos alguns ajustes na forma de se organizar e na gestão da sua roda da vida. Para isso acontecer, é só entrar em contato conosco. Um forte abraço.

Gislene Titon.

Vamos pôr a leitura em prática?

Na leitura até aqui, você já deve ter pensando em tantos pontos e fases da sua vida, não é mesmo? (Momentos de alegria, euforia, raiva, conquistas, habilidades.) Agora, escreva em um caderno sua história, da forma mais descritível possível. Vai dar algumas páginas, mas isso lhe fará relembrar vários momentos e habilidades em que já não tem pensado mais.

Após fazer a sua "biografia", reveja quais pontos da sua história mais te fizeram feliz com as habilidades que você possui e que hoje não utiliza mais.

E, para finalizar, quais dessas habilidades você vai pôr em prática? Como vai se organizar e planejar, em micrometas, até chegar a macrometas, nesta caminhada do seu objetivo rumo ao sucesso?

Referências

CARVALHO, W. et al. *Mindset da felicidade*. Brasília: Saphi, 2020.

CHAKUR, C. R. S. L.; Silva, R. C.; MASSABNI, V. G. O. *O construtivismo no ensino fundamental: um caso de desconstrução*. In: Reunião Anual da Associação Nacional de Pós-graduação e Pesquisa em Educação, 27, 2004.

HENKLAIN, M. H. O.; CARMO, J. dos S. *Contribuições da análise do comportamento à educação: um convite ao diálogo*. Cadernos de Pesquisa, ano 43, n.149, p. 704-723.Disponível em: <http://www.scielo.br/scielo.php?script=sci_arttext&pid=S0100-15742013000200016&lng=en&tlng=pt.>. Acesso em: 21 jan. de 2021.

LEITE, D. M. *Psicologia da criança: história e campos de estudo*. In: LEITE, D. M. O desenvolvimento da criança: leituras básicas. São Paulo: Nacional/Editora da USP, 1972. p.81-104.

MCKEOWN, G. *Essencialismo*. Rio de Janeiro: Sextante, 2015.

SUPERTI, P. *Ouse ser diferente*. São Paulo: Buzz, 2020.

VYGOTSKY, L. S. *A construção do pensamento e da linguagem*. São Paulo: Martins Fontes, 2000.

VYGOTSKY, L. S. *A formação social da mente*. São Paulo: Martins-Fontes, 1984.

VYGOTSKY, L. S. *Pensamento e linguagem*. São Paulo: MartinsFontes, 1979.

VYGOTSKY, L. S. *Psicologia pedagógica: um curso breve*. Buenos Aires: Aique, 2001.

9

PERANTE OS OBSTÁCULOS APRESENTADOS PELA VIDA, LUTE E VENÇA

Neste capítulo, você encontrará a trajetória de vida de mais um brasileiro que, desde criança, percebeu que para chegar no topo se depararia com diversos obstáculos, contudo, nenhum deles seria capaz de detê-lo.

JOÃO BATISTA MARÇAL NETO

João Batista Marçal Neto

Formado pela Escola da Polícia Militar do Estado de São Paulo em Técnico de Polícia Ostensiva e Preservação da Ordem Pública. Ainda pela mesma instituição, cursou Controle de Distúrbios Civis e Policiamento de Bases Comunitárias. Pela Escola Superior Aberta do Brasil, formou-se em Curso Livre de História das Ciências Políticas. Graduando em História pela Universidade Nove de Julho, campus Barra Funda, São Paulo.

Contatos
joaosampa13@hotmail.com
Instagram: @joaosoudosamba

*Não desista. Não pare de crer. Os sonhos de Deus
jamais vão morrer.*
Ludmila Ferber

Como direcionamento de vida trago essa brilhante frase de Ludmila Ferber. O que para muitos pode parecer apenas uma frase aleatória retirada de uma música ou texto qualquer, para mim representa um norte, e por ela me baseio quando busco as tomadas de decisões para os mais diversos cenários aos quais me deparo nas batalhas cotidianas.

Desistir dos meus sonhos nunca foi uma opção. Nunca houve espaço para deixar que as adversidades tomassem proporções capazes de me fazer parar na corrida pela vitória, e é sobre elas que hoje venho aqui falar.

Nascido na periferia da maior cidade brasileira, uma criança negra conhece e reconhece cedo os percalços que encontrará na luta pela sobrevivência. Filho de pais humildes e sem muita instrução, eles nunca puderam me proporcionar o estudo nos grandes e tradicionais colégios da cidade de São Paulo, contudo, jamais se furtaram a me oferecer amor e muito carinho, combustíveis renovados diariamente no seio familiar.

Minha infância foi muito tranquila. Com 13 anos, entrando na adolescência, já havia brotado em mim o espírito empreendedor. Mesmo muito jovem, tinha certeza de que estudando e trabalhando com dedicação alcançaria meus sonhos de menino e, baseado nessa convicção, dirigi-me aos meus pais e pedi que comprassem uma caixa de doces para que eu pudesse vender na porta de um colégio, localizado próximo à minha casa. Não estava errado: minha empreitada foi um grande sucesso!

Aos 18, consegui meu primeiro emprego com carteira de trabalho registrada. Foi gratificante ver nos olhos dos meus pais o orgulho que estavam sentindo do filho caçula ingressando formalmente no mercado de trabalho. Trabalhei por 5 anos no setor de cópias da faculdade de Letras da Universidade de São Paulo, período no qual tive os contatos iniciais com estudiosos incríveis, os quais me incentivaram a prosseguir

João Batista Marçal Neto | 93

estudando, indicando obras literárias que fizeram com que despertasse em mim o amor pela leitura, prática inserida na minha rotina diária que perdura até os dias atuais.

Anos mais tarde, eu ainda trabalhava na Universidade de São Paulo e estava imbuído de uma vontade assustadora de viver novas experiências e, assim, alcançar crescimento pessoal e profissional. Não obstante, não vislumbrando qualquer perspectiva na empresa que até então exercia minhas atividades, passei a me sentir um tanto quanto descontente e até cabisbaixo com a situação que vivenciava. Foi quando decidi por não mais continuar com aquele vínculo de emprego e me desliguei da empresa, deixando pessoas queridas, grandes amigos, colegas de trabalho que, por anos, foram meus companheiros de grandes lutas, e cada um, com seu jeito peculiar, me incentivou a buscar o meu progresso.

Depois do meu desligamento, iniciei o curso para formação de vigilantes e, após concluído, o destino quis que eu retornasse à Universidade de São Paulo agora para exercer a função de vigilante.

Despertou-me, então, o desejo de prestar o concurso público para a Polícia Militar do Estado de São Paulo, e eu sabia que não seria nada fácil. Dentre os motivos, o fator idade era um dos que mais me assustavam, tendo em vista que a idade máxima prevista em edital para ingresso no quadro da corporação é de 30 anos e eu estava bem próximo de alcançá-la.

Realizei o concurso pela primeira vez, porém não fui aprovado sequer na prova escrita, fato este que me causou imenso descontentamento, pois percebi que precisaria estudar muito para atingir meu objetivo. Corroborando para que a pressão psicológica aumentasse, o fator agravante da idade era latente, tendo em vista que me encontrava com 29 anos, faltando apenas 12 meses para que eu pudesse ser aprovado no concurso e desta forma conseguisse realizar mais um sonho, o de poder contribuir efetivamente para o bem da sociedade, prestar ao cidadão o pleno exercício da minha função, objetivando sempre segurança da ordem pública.

Fácil não foi, estudei horas a fio. Estudava dentro da cabine de vigilante, lia, relia, analisava, escrevia, pois sabia que minha hora estava a chegar e, com cuidado de Deus sempre presente na minha vida, cruzou o meu caminho uma pessoa que jamais esquecerei, Almir, que à época cursava a faculdade de Química na Universidade de São Paulo e, nos seus horários de folga, me observava estudando na guarita, até que um belo dia, dirigiu-se até mim e questionou o motivo pelo qual eu tanto estudava. A partir desse primeiro contato, Almir virou mais que um tutor, ele se tornou um anjo na minha vida. Passou a me orientar diariamente e disse que assim o faria até que eu cumprisse com meu objetivo, ser aprovado no concurso da Polícia Militar do Estado de São Paulo.

Todos os dias nos quais eu estava de plantão, Almir chegava mais cedo na universidade com todo o material de estudo conforme o edital do concurso e, sem pestanejar, dedicava seu tempo a uma pessoa que nem sequer conhecia, por livre vontade de ajudar o próximo. Após um período de estudos aprofundados com o Almir, percebi que estava preparado para o grande dia, ou seja, o dia da realização da prova que me faria ser um policial militar do Estado de São Paulo.

Chegado o esperado dia do concurso, a ansiedade tomava conta de todo meu corpo, porém minha preparação fez com que eu me sentisse deveras confiante de que era só questão de tempo, e eu alcançaria meu objetivo. Eu buscava apenas uma das vagas, e ela seria minha! Prova realizada, restava aguardar o resultado. Foram dias de tensão, no entanto, o resultado não poderia ter sido diferente: fui aprovado na primeira fase do concurso.

Não podia conter a emoção e tamanha felicidade por ter superado este primeiro processo! A partir de então, aproximavam-se as demais fases, sendo elas exame físico, psicológico e investigação social, e em cada etapa eu aguardava o tão almejado resultado positivo.

Sobre as memórias relacionadas a esse período de muita dedicação, abdicação e superação, uma delas vale a pena ser mencionada. Durante todo o período de preparação para o concurso, eu me deslocava de trem para chegar até o trabalho e o percurso passava bem próximo à escola de formação da polícia militar. Eu ficava ali observando enquanto o trem passava, emocionava-me ver aqueles futuros policiais militares em treinamento e sabia que muito em breve faria parte daquele grupo.

O grande dia chegou e assim aconteceu. De posse da lista de aprovados, constava ali o meu nome: JOÃO BATISTA MARÇAL NETO. Minha memória exibiu um filme em questão de segundos, cujas cenas traziam aquele menino humilde da periferia de São Paulo, que teve a proatividade de vender doces para angariar um dinheiro, que foi trabalhar como copiador, vigilante e, galgando para melhorar de vida, lutou incansavelmente até ser aprovado no concurso dos seus sonhos. O resultado não poderia ser diferente, EU HAVIA CONSEGUIDO!

Uma nova fase iniciou-se em minha jornada, que demanda 100% de atenção, dedicação, comprometimento, responsabilidade social e amor ao próximo. Desempenho minha função com maestria, com fito a ser sempre melhor no que faço – essa é a minha função e meu dever para com a sociedade, de modo que, enquanto estiver no exercício das minhas atividades, eu me dedicarei a realizá-las com o máximo empenho, fazendo valer o juramento feito no dia que tomei posse.

Tornei-me uma referência aos amigos de infância e constantemente me enxergo como um vendedor de sonhos, pois tudo que sonhamos podemos alcançar com dedicação, foco, humildade e perseverança.

Minha história não para por aqui. Hoje curso o 4º semestre da faculdade de História, ramo de estudo que me entusiasma a sempre adquirir mais conhecimento. O sonho agora é concretizar a graduação e depois ingressar nas salas de aula para transferir meu conhecimento a jovens que, assim como eu, anseiam por agregar conhecimento.

Uma história que parece simples aos olhos de muitos, porém, quem a viveu e percorreu toda essa estrada pode dizer com propriedade que cada minuto explorado valeu a pena e me fez o homem de princípios que hoje sou.

Como sábia lição, trago no meu íntimo que os sonhos devem ser buscados ainda que o caminho para alcançá-los não seja o mais fácil. Sonhos sempre existirão e eu jamais deixarei de galgar minhas vitórias, isto é o que deixo como singelo conselho ao ilustre leitor: faça o mesmo.

Corra atrás dos seus objetivos, filtre os conselhos e opiniões que receber e saiba diferenciar o que foi dito como incentivo ou como desestímulo. Mas não se aborreça quando alguém tentar tirar o brilho dos seus passos, tudo que passamos serve como um aprendizado que fará com que fiquemos ainda mais fortes e sábios para as próximas e inevitáveis dificuldades lançadas na jornada da vida.

Como bem ensinado por Napoleon Hill em A filosofia do sucesso, se você pensa que é um derrotado, você será um derrotado; se não pensar "quero a qualquer custo", não conseguirá nada. Ainda que você queira vencer, se pensar que não vai conseguir, a vitória não sorrirá para você. Logo, caro leitor, defina o plano, trace uma estratégia, caminhe de acordo com seu tempo e abrace seu objetivo com toda sua força, coragem e vontade. Nunca desista!

10

ALTOS E BAIXOS NÃO DEFINEM O SEU VALOR

Este capítulo tem como objetivo mostrar que altos e baixos, ou erros e acertos, não definem o valor de ninguém. Nós somos seres humanos, temos nossas dificuldades e fraquezas, sim, e lidar com elas é um desafio, e isso exige coragem.

Se eu não tivesse passado por uma jornada de "fracassos" durante minha trajetória, não teria chegado ao meu sucesso.

KARINA DE OLIVEIRA
GUILHERME VIEIRA

Karina de Oliveira Guilherme Vieira

Mãe, esposa e mentora de carreira. Especialista em autossabotagem e analista comportamental pelo Instituto Geronimo Theml (IGT). *Master coach* de Carreira e pós-graduada em *Coaching* (UNIBF) e Docência no Ensino Superior (UNICID). Atende seus clientes presencialmente ou *on-line* de todas as localidades. Desenvolveu um programa de mentoria, MIA (Mentoria Ideia em Ação) para profissionais da área de humanas, e já ajudou centenas de profissionais *coaches*, terapeutas, psicólogos, nutricionistas e afins a alavancarem suas carreiras e negócios por meio de um programa pensando no plano de carreira, marketing digital e empreendedorismo criativo. Sua missão de vida é transformar vidas. Deus e sua família são a sua base de tudo.

Contatos
www.coachkarinavieira.com
coachkarinavieira@gmail.com
Instagram: @mentorakarinavieira
15 98135 2060

> *Vejam os passarinhos que voam pelo céu: eles não semeiam,*
> *não colhem, nem guardam comida em depósitos. No entanto,*
> *o Pai de vocês, que está no céu, dá de comer a eles. Será que*
> *vocês não valem muito mais do que os passarinhos?*
> Mateus 6:26
> (Nova Tradução na Linguagem de Hoje)

Você já teve a sensação de não ter valor?

Já passei por momentos pelos quais pensei que não tinha valor, pois na minha percepção tudo o que eu fazia dava errado. Certa vez, ouvi que o fracasso ou o sucesso são simplesmente resultados de nossas ações. E que todos nós estamos sujeitos a errar, pois até mesmo os grandes competidores são derrotados em algum período de suas carreiras. Altos e baixos não definem o valor de ninguém. Essa é a nossa fragilidade humana: errar. Mas assim como errar, nós felizmente temos a oportunidade de poder acertar também, olha que máximo!

A nossa tendência é só olhar o negativo, a parte cinza. Quando ainda somos crianças, sonhamos como será nossa vida adulta e imaginamos tudo colorido. Talvez, um dos motivos de Jesus nos pedir para sermos como crianças seja devido a essa percepção de que a vida pode ser algo além de uma nuvem cinza de problemas. Mesmo na fase adulta podemos olhar a vida com outro olhar. **Uma dica bem bacana** que dou em meus atendimentos é a pessoa praticar a gratidão todos os dias **antes de se deitar para dormir. Escreva em um caderninho ou em post-its três motivos pelos quais você é grato.** Também tem a possibilidade de colocar seus motivos de gratidão em um **Pote da Gratidão.** A gratidão nos garante notarmos nossas pequenas vitórias. Ela que nos mantém vivos e felizes.

Nós somos os únicos responsáveis por nossos altos e baixos, erros e acertos. Sabe por que os mais velhos são mais sábios? Porque aprenderam com a vida, com seus altos e baixos. As pessoas estão sendo lapidadas como ouro nas mãos do Criador. *Será que vocês não valem muito mais do que os passarinhos?*

Vivemos em uma sociedade em que não podemos mostrar nossas fraquezas e crescemos ouvindo que homem não chora, pois é feio chorar na frente dos outros, que devemos ser os melhores em tudo, não podendo mostrar nossas fragilidades. Porém, o único perfeito é Deus! Nós somos seres humanos, temos nossas dificuldades e fraquezas, sim, e lidar com elas é um desafio, e isso exige coragem.

> *A felicidade não será o resultado das circunstâncias, mas de como você lidará com elas.*
> William Douglas,
> desembargador federal e escritor.

Ao concluir o ensino médio, recordo-me da alegria e ansiedade que sentia em ir para a faculdade. Meu sonho era ser professora de Biologia. Mas por alguns motivos, acabei me formando em Enfermagem.

Quando concluí a faculdade, eu já sabia que não queria atuar. Minha justificativa era que aquilo não era para mim. Mas hoje percebo que eu tive medo de fracassar.

Desde pequena, eu sempre fui muito competitiva e protegida. Meus pais, por terem tido uma infância difícil, nunca deixaram de dar para mim e minha irmã tudo o que eles podiam proporcionar de melhor para nós. E constantemente nos falavam sobre a importância de estudar e sermos as melhores alunas. Mas **às vezes**, a criança recebe a mensagem um pouco diferente de como deveria chegar. Eu entendi que meu valor era medido por notas excelentes e que eu precisaria de meus pais para tudo, que não era capaz de seguir sozinha. E na linguagem de criança eu entendi, ao pé da letra, que precisava ser a aluna nota 10. Quando eu tirava 9, já ficava frustrada. E essa minha competitividade me acompanhou na faculdade e foi até a conclusão dela.

Todos nós sabemos que quando saímos da faculdade estamos ainda sem a prática. Mas permiti que a minha mente se tornasse minha inimiga e acreditei que eu não era capaz, tive medo de fracassar. No meu futuro emprego, eu sabia, meu desempenho não seria medido por notas. Então, recuei. Logo, **nosso medo de fracassar nos leva ao fracasso.**

Trabalhei por anos na empresa da minha família, mas não era ainda exatamente o que eu queria para a minha vida. Eu procurava algo que fizesse sentido. Nessa busca incansável em encontrar o que tivesse propósito, comecei a vender roupas infantis, mas comecei a me envolver em uma bola de neve de dívidas. Portanto o melhor para aquele momento foi encerrar a loja e assumir uma dívida alta. Fui para o fundo do poço. Tive depressão e passei a fazer parte das estatísticas: obesidade.

O mais sensato naquele momento foi procurar ajuda. Em situações assim, você tentar lutar sozinho não faz sentido, nós precisamos um do outro, inclusive dos profissionais necessários. Fui ao médico, fiz terapia, consultei-me com uma nutricionista e comecei a fazer atividade física. Acima de tudo, passei a buscar mais a Deus. Inclusive, o título deste capítulo, *Altos e baixos não definem o seu valor,* diz respeito a uma música gospel que eu ouvi nessa época, e foi o que fez eu renascer, pois entendi que **mesmo errando, eu tinha valor.**

Meu primeiro passo para conseguir seguir em uma carreira e me encontrar profissionalmente foi fazer um processo de *coaching*, eu como *coachee*. O autoconhecimento me permitiu ver o que já estava ali. E o que descobri foi que, com as atividades que pratiquei nos meus momentos baixos, aprimorei habilidades que utilizo hoje em meus atendimentos, tais como: para trabalhar na empresa da minha família, desenvolvi a capacidade de ser multitarefas, dinâmica e proativa; e com a loja fortaleci competências em vendas, sociabilidade, extroversão, criatividade e tolerância. Todas essas qualidades, uso a meu favor atualmente.

Se eu não tivesse passado por essa jornada de "fracassos", não teria chegado ao meu sucesso. Reconheço tudo o que me foi dado e uso tudo que tenho a meu favor, e nada mais que isso. E sabe o que é mais incrível? Hoje, o sucesso para mim não é ter dinheiro. Sucesso é algo mais. É eu saber meu valor e o que eu entrego de valor para as pessoas. Ser é melhor do que ter.

Vamos descobrir quem é você na realidade? Faça uma pequena atividade que vou sugerir logo adiante. Preencha:

Escreva em um papel	Suas respostas
Um dia em que se sentiu incrível	
Três qualidades suas	
Três dificuldades suas	
Um sonho	

Agora, escreva:

"Eu, fulano, sou grato pelo dia (que se sentiu incrível), e amo as minhas qualidades xx, xx e xx. Também aceito minhas dificuldades xx, xx e xx, afinal, não sou perfeito, mas estou em constante desenvolvimento. Vou usar tudo que tenho a meu favor e vou realizar meu sonho de xx, pois tudo o que eu quero, eu faço e consigo! Meus altos e baixos não definem o meu valor."

> *Não fui eu que lhe ordenei? Seja forte e corajoso! Não se apa-*
> *vore, nem se desanime, pois o Senhor, o seu Deus, estará com*
> *você por onde você andar.*
> Josué 1:9 (Nova Versão Internacional)

Referência

DOUGLAS, W. *Sabedoria para vencer: conselhos bíblicos para superar os desafios da vida.* São Paulo: Planeta, 2015.

11

COMO SUPERAR O FRACASSO E TRANSFORMÁ-LO EM SUCESSO

Este capítulo mostra que fracasso muitas vezes é o lugar da estagnação, quando não está fluindo e não se faz nada para mudar. Quando as coisas são feitas sem esforços; é a famosa zona de conforto. O importante é entender que para transformar este lugar de estagnação, de fracasso em sucesso, em movimento, temos de desviar nosso olhar para o que de fato é importante. Traçar novas metas e novos sonhos e partir para a ação. Para sair da condição de desânimo, de fracasso, e entrar em um estado rico de recursos, será ensinado a como criar uma âncora, uma das técnicas de PNL.

MARIA CRISTINA DE FREITAS

Maria Cristina de Freitas

Natural de Bom Despacho, Minas Gerais, é formada em Ciência da Computação pela Pontifícia Universidade Católica de Minas Gerais e atuou como analista de sistemas durante 15 anos. Pós-graduada em Gestão de Negócios pela Fundação Dom Cabral, foi proprietária da La Victorie, loja de roupas femininas, de 2011 a 2020. Apaixonou-se pela Programação Neurolinguística, pelo *Coaching*, pelo autoconhecimento e ressignificou suas feridas mais profundas. *Master* em Programação Neurolinguística, *master coach* e analista de perfil comportamental, com imersão de 50 horas em Inteligência Emocional.

Contatos
www.renovadamente.com.br
Instagram: @renovadamente.pnl
Facebook: renovamente.pnl
LinkedIn: Maria Cristina Freitas
YouTube: Maria Cristina Freitas

É bom comemorar o sucesso, mas é mais importante prestar
atenção às lições do fracasso.
Bill Gates

O que é fracasso? Você saberia responder?

Fracasso muitas vezes é o lugar da estagnação... quando não está fluindo e não se faz nada para mudar. Você sabia que o cérebro tem uma tendência a tomar decisões a partir de caminhos mais fáceis? Segundo Charles Duhigg, o nosso cérebro procura uma maneira de poupar esforço e economizar energia. Então, armazenamos padrões de comportamento automatizados para podermos usar sem pensar muito, ou seja, paramos de pensar para fazer, e continuamos fazendo no automático. Pense comigo como é para começar a dirigir. No início, é preciso fazer esforço para aprender, mas o tempo vai passando e não é necessário mais tanto esforço, vai ficando fácil, até ficar automatizado e não ser mais preciso pensar. Com o fracasso é semelhante: não há mais esforço. Ao se olhar para a queda com olhar de derrota, fica-se paralisado no tempo. Quando estacionamos no tempo, nada muda, tudo fica no mesmo lugar. Atingimos a famosa zona de conforto: agimos no piloto automático, sem motivação. A situação está mais ou menos e não se faz nada para mudar. A zona de conforto é assim, ela nos faz parar de agir. As coisas não vão bem, mas se diz: Ah, está bom desse jeito, não preciso mudar. Claro! Não é preciso fazer esforços...

Quantas vezes se cai para andar de bicicleta? Será que as quedas são fracassos? Ou será que são aprendizados acerca daquilo que se pode aperfeiçoar? O roteirista Andrew Stanton, da Pixar, diz que se você quer mesmo conquistar o seu sonho, avance. Se continuar estagnado, terá sempre os mesmos resultados. Aprenda com os erros, sem lamentações. Levante-se e, se for preciso, inicie novamente. Comece se questionando:

"O que aprendi neste período de dificuldade? O que aprendi com as pessoas ao meu redor? Quais caminhos devo trilhar?".

Eleve seus pensamentos em Deus e tenha em mente objetivos claros, mantendo o foco neles. No livro *Picos e vales*, Spencer Johnson diz que *"Picos são os momentos em que você valoriza o que tem, e vales são os momentos que você sente falta do que não tem"*. Vamos pensar nos picos como sucesso e nos vales como fracassos. Lembrando que para chegar no pico é preciso do vale, do mesmo modo, para se chegar ao sucesso pode-se fracassar várias vezes. Quantas vezes Thomas Edison fracassou até conseguir criar a lâmpada elétrica? E Abraham Lincoln, que foi o 16º presidente dos EUA e entrou para a história por sua persistência e resiliência em superar as derrotas e seguir em frente? O fracasso e o sucesso não são apenas os momentos bons e ruins, são também como você se sente e reage ao que te acontece. Ao aproveitar o que existe de bom no momento, a sensação será mais próxima de já estar conseguindo o que se deseja. Como diz Tony Robbins, "Não existem fracassos, existem apenas resultados". O importante é não desistir e continuar em frente.

Em busca de novos sonhos

Eu tinha uma loja de roupas femininas que a partir de um determinado momento vivia estagnada. Porém, eu não podia abrir mão dela, pois ainda acreditava que fazia parte do meu sonho. Realmente, ela fez parte do meu sonho. Mas eu precisava entender que ela tinha ficado para trás, que eu precisava seguir em frente e buscar novos sonhos, encontrar um novo propósito. No início, era tudo lindo e maravilhoso: mesmo enfrentando dificuldades. Eu estava empolgada e motivada, pois era o meu sonho que estava em jogo. Só que os anos foram passando, e o que antes era lindo já não era mais tão encantador assim. Sabe por quê? Eu tinha entrado na minha zona de conforto.

Acreditava que este era meu sonho e tinha de continuar, mesmo sem bons resultados. Até que o autoconhecimento e a PNL apareceram na minha vida. E aprendi tanto, que me apaixonei. Comecei a ressignificar minhas feridas mais profundas, feridas estas que não imaginava ter de tocar novamente. Mas pense comigo: uma ferida quando ainda está aberta, se tocada irá doer; é por isso que ela precisa de cuidado. E de repente a minha ferida foi sendo curada. E foi nesse momento que uma chama acendeu novamente em meu peito... e eu precisava repassar isso para as pessoas, não podia ficar com isso guardado. Foi então que eu descobri que minha cura poderia curar outras pessoas. Pude perceber que para espalhar o bem, eu precisava estar bem, conhecer minha essência.

Desde criança eu dizia que iria escrever um livro para ajudar as pessoas, e a partir daí que percebi que a minha dor mais profunda tinha de fazer parte deste livro, porque poderia ajudar pessoas que tinham passado pelo que passei. Quanto mais eu estudava, mais apaixonada ficava. Meu olhar começou a brilhar novamente. Um novo sonho começou a surgir, e assim publico meu primeiro livro *A jornada de cura da criança interior*.

Não está dando certo para você? O que acha de começar a definir novos sonhos, sair da zona de conforto, traçar outros objetivos e partir rumo ao sucesso? A palavra "Sucesso" tem vários significados, assim como a palavra fracasso.

Significados que fracasso & sucesso têm

Primeiro, vamos aos significados que a palavra FRACASSO tem:

Olhando para a palavra fracasso e os significados a ela atrelados, qual cena surge em sua mente? Será que não vem a imagem de um lugar sombrio, sem vida? E se a paralisação deste lugar sombrio for transformada em aprendizado? Pode ter certeza que rapidamente o fracasso vai se transformando em sucesso. Qual imagem vem quando pensa sobre sucesso? Para mim, aparece um lugar movimentado, iluminado, pacífico, alegre, abundante, farto de amor, de afeto. Vou trazer alguns significados que a palavra "Sucesso" tem:

Pense comigo: não existe luz sem sombra, as forças opostas são complementares – positivo e negativo, dia e noite, alto e baixo, razão e emoção, picos e vales, fracasso e sucesso. Somos seres generosos e egoístas, seres de luz e sombra. Segundo Carl Jung, "Sombra é a pessoa que preferimos não ser." Aquilo com que não podemos conviver não nos permitirá ser inteiros. O equilíbrio é essencial. Está se sentindo fracassado? Então se questione: "Como está minha vida? O que posso fazer para mudar?".

Por isso é preciso olhar para dentro, se amar, acolher e aceitar suas sombras. Ao parar de brigar com a parte que rejeita, é como se fizesse as pazes consigo mesmo, de modo que a paz volta a reinar. E daí o "sucesso" começa a surgir. Vamos pensar o "sucesso" como um castelo encantado no alto de uma montanha, e neste castelo estão os seus sonhos. Para chegar até ele e desfrutar do "sucesso" é preciso trilhar uma jornada de autoconhecimento e ressignificação, que nem sempre é fácil, pois tem lugares sombrios e doloridos que podem levar à estagnação, contudo, é preciso seguir em frente.

Quanto mais se conhece, mais se cura, e a jornada vai ficando mais leve. Ao descobrir o seu *ikigai*, o seu propósito, a sua razão de viver, terá um bom ânimo para prosseguir. Vai precisar também de muita ação e saúde, pois a jornada é longa. E a família... ah! Que bem precioso. É preciso também bons amigos para a jornada ficar leve e divertida. E mais: a capacidade de perdoar, pois o perdão vai transformar a jornada em magia ao desfazer o vício dos sentimentos tóxicos e transformá-los em amor. Quanto mais se despir de suas máscaras e falar sobre suas mágoas e traumas, mais se aproximará da sua essência, do seu *ikigai*, e tudo isso poderá ser usado por Deus para auxiliar outras pessoas.

Com fé, amor e foco você dará um salto para as oportunidades que surgirão. A fé é uma chama que impulsiona rumo ao alto, e o foco na direção certa o auxiliará a chegar mais rápido. Agora, vamos falar sobre doação, palavra doce que quer dizer: oferecer, transferir, beneficiar alguém ou alguma coisa. Significa oferecer amor sem olhar a quem se está oferecendo. E tem mais: a felicidade não pode faltar. Faça uma lista do que te faz feliz e desfrute de cada item, dia após dia, e vá construindo um lindo caminho. A todo instante seja grato; a gratidão fará com que seu dia seja mais leve e próspero, pois quanto mais se agradece, mais graça aparece. Coloque Deus em tudo o que fizer e tudo mais será acrescentado. Tenha sempre em mente uma visão de futuro, ela o conduzirá rumo aos seus sonhos. Planeje, coloque datas e realize. Agradeça por suas conquistas até que elas se tornem realidade. Uma mente direcionada para os sonhos é uma fonte de energia inesgotável rumo ao sucesso. Erre, mas erre rápido e lembre-se: o SUCESSO sempre permanecerá próximo de quem persiste.

Como se manter em um estado rico de recursos

Quando a pessoa não progride é porque não encontrou em si seus próprios recursos para avançar. Um pressuposto da PNL diz: "As pessoas já possuem todos os recursos que necessitam". Se você deseja mudar sua forma de ver os problemas, precisa mudar seus valores e a forma de medir fracassos e sucessos.

Para ilustrar, será ensinada uma técnica da PNL, a criação de âncoras. Use-a quando se sentir desanimado, fracassado.

Âncora é um estímulo que evoca uma resposta interna e uma alteração no nosso estado emocional, no nosso humor, na nossa fisiologia e em como nos vemos e percebemos. Ela ajuda a desviar o olhar para o que de fato é importante e se comporta como um gatilho visual, auditivo e cinestésico associado a uma resposta. Um exemplo de uma âncora visual seria o semáforo: quando você olha para a alteração de cores, ele informa se deve prosseguir ou parar. Uma música pode ser uma âncora auditiva, pode fazer você se lembrar de alguém, de um lugar ou de um momento específico. Uma âncora olfativa pode ser, por exemplo, o cheiro do perfume de alguém, ou o cheiro do bolo da sua avó quando você era criança.

Pode ser criada uma âncora fácil de ser lembrada, tal como apertar forte a mão direita ou unir os dedos, usar um elástico no punho, acariciar levemente a parte frontal da sua cabeça, entre outros exemplos que você pode usar, realizando o passo a passo a seguir. Tudo que você precisará é de concentração e foco em si mesmo.

Criação de uma Âncora. Adaptado do livro *Manual de Programação Neurolinguística – PNL*, de Joseph O'Connor, por Maria Cristina de Freitas:

1. Feche os seus olhos e se sinta bem relaxado;
2. Evoque um estado com recurso. Imagine uma situação que leve você para o estado desejado, para o estado que você quer alcançar. Você pode pensar em um instante em que esteve se sentindo autoconfiante, inteligente e iluminado. Ou um momento de segurança, com tudo sob controle;
3. Calibre o estado. Aumente a intensidade do estado desejado gradativamente, em uma escala de 0 a 10;
4. Ancore o estado. Quando estiver no auge do momento, aperte fortemente a parte do corpo que irá ancorar ou use uma outra âncora, como as exemplificadas;
5. Quebre o estado. Abra os olhos e quebre o estado, pense em algo que não tem a ver com o momento que pensou ao criar a âncora, como por exemplo: fale o número da sua identidade. A quebra de estado é para você sair do estado interno que estava naquele momento.
6. Experimente a âncora. Teste e, se não estiver funcionando, repita o processo.
7. Faça ponte com o futuro. Imagine-se em uma situação no futuro utilizando a âncora. Sempre que quiser se sentir bem, use sua âncora, que ajudará você a mudar seu estado negativo para um estado positivo.

A pessoa precisa estar disposta à mudança e se empenhar para conseguir os melhores resultados. Tomar consciência dessa mudança é um grande passo para o crescimento e progresso, pois a transformação começa de dentro para fora.

> *Apesar dos nossos defeitos, precisamos enxergar que somos pérolas únicas no teatro da vida e entender que não existem pessoas de sucesso ou pessoas fracassadas. O que existe são pessoas que lutam pelos seus sonhos ou desistem deles.*
> Augusto Cury

12

ROMPENDO LIMITES

Podemos aprender muita coisa observando a natureza. Inclusive, que todas as fases da vida são importantes para o nosso desenvolvimento. E mesmo quando não percebemos, quando queremos desistir, quando acreditamos que já não temos mais forças, tudo **é apenas mais um passo para alcançar o sonho**. Veja neste capítulo como as metamorfoses nos ajudam a conquistar nossos sonhos.

MÔNICA MORAES VIALLE

Mônica Moraes Vialle

Diretora executiva da MVPAR Real Estate Investments em Portugal e sócia e diretora da MOOM Consultoria e Coaching, empresa binacional Brasil e Europa, obteve sua formação junto às mais importantes instituições nos EUA, Portugal e Brasil. Mestre em Arquitetura, arquiteta e urbanista, técnica em edificações, especialista em *Real Estate*, gestão de negócios imobiliários e da construção civil, escritora, palestrante, mentora e consultora em *Real Estate*, Arquitetura e *Coaching*. Seu histórico profissional passou por mais de 20 anos em posições de liderança em empresas importantes no Brasil e na Europa.

Contatos
www.mvpar.eu
www.moomconsultoria.com
consultoria@moomconsultoria.com
Instagram: monicamoraesvialle
Facebook: Monica Moraes Vialle
LinkedIn: Monica Moraes Vialle
Podcast: Ouro sobre Azul - Narrativas da Vida

Todas as fases importam

A definição de sucesso é diferente para cada pessoa. Trata-se de uma conquista individual, mas com uma característica em comum: não há como alcançá-lo sem dedicação e sem atravessar uma trajetória que envolve diversos percalços, imprevistos, obstáculos e, claro, conquistas.

Algumas pessoas podem pensar que esses caminhos significam pequenos ou grandes fracassos. E mais: muita gente pode achar que o fracasso é algo negativo. Eu espero que você não seja assim.

O fracasso é apenas uma etapa que vem antes do sucesso. E para ilustrar essa máxima, eu vou usar como metáfora um personagem da natureza. Então, senta que lá vem história...

Era uma vez Dorothea, uma pequena lagarta em formação que não sabia quem era. Dorothea era um ovo, mas pensava. Assim que surgiu a sua primeira célula, Dorothea começou a sonhar. Ela sonhava alto, pois queria voar.

Acontece que Dorothea era um ser minúsculo e mal tinha ideia de como poderia começar a perseguir seu objetivo. Ela sabia disso porque via a sua realidade. Ela não possuía braços ou pernas. Nem corpo ela tinha. Como voar assim?

No entanto, nada tirava daquela pequena célula o desejo de seguir em frente. Ou melhor, de sonhar alto. Com o alto. Com o máximo que poderia alcançar. No seu coração – sim, Dorothea tinha um coração – ela sabia que poderia ter asas se se esforçasse, mas não sabia exatamente como.

E de tanto se esforçar, Dorothea se desenvolveu e logo virou uma larva. Uma larva é mais do que um ovo. A pequena Dorothea deixou de ser inativa e aproveitou as condições do clima e o ambiente em que vivia a seu favor. Tudo virou alimento e motivo para ela crescer e aprender ainda mais.

Mônica Moraes Vialle | 113

Dorothea agora era uma larva. Uma larva não, uma lagarta. Durante meses, ela aproveitou ao máximo essa nova condição. Se cuidou e se alimentou bem para crescer e guardar as energias para o futuro, porque sabia que algo ainda maior estava por vir. Dorothea não desistia do sonho de deslizar pelo céu, seu maior propósito.

Ela guardava o segredo para si, porque sabia que não podia ficar espalhando apenas sonhos, tinha de lidar com a realidade. Também não queria que ninguém a desestimulasse. Certa vez, durante sua passagem na terra, encontrou uma lagarta muito parecida com ela e confessou seu maior desejo.

"Eu quero voar!", contou. Mas a "amiga" logo a desestimulou. Disse que era impossível, que ela precisava se olhar no espelho e aceitar quem era: apenas uma lagarta. E nada mais haveria para além disso. "Não sonhe alto demais, ou você poderá cair", ouviu.

Mas Dorothea não desistiu e tampouco se frustrou. Seu sonho era mais forte que qualquer imprevisto. Passou, então, a trabalhar mais. Descobriu que podia produzir fios de seda e começou a tecer sem parar. Se jogou em sua nova jornada e se desenvolveu com ela.

Algo dizia que se ela se esforçasse e se protegesse de predadores e perigos aparentemente invisíveis, como a colega que queria que ela desistisse, alcançaria seu destino. Teria asas.

Resiliente, forte e segura, Dorothea se viu protegida em um casulo. Ali ela se abrigou. Não sabia se o cansaço era fracasso, mas não queria desistir. Porém, exausta, dormiu.

A metamorfose acontece quando a gente menos espera

Semanas se passaram sem que Dorothea entendesse o que estava acontecendo. Ela estava mudando. Interiormente, sentia que estava se preparando para uma nova etapa da sua vida. Lá fora, tudo parecia quieto. Ela parecia quieta, mas sentia que a espera era uma de suas fases mais produtivas. Como explicar? Ela tinha fracassado?

Não! Dorothea agora era uma pupa – uma crisálida – e estava em pleno desenvolvimento. Nessa fase, tudo que ela tinha sido antes foi destruído. A composição da larva não existia mais. Seria uma derrota ter de mudar assim, tão repentinamente?

O que aconteceu com aquela célula que ela fora um dia? Não era mais um ovo, não era mais uma larva. O desconhecido alcançou nossa pequena personagem.

Passaram-se dias até que ela realmente compreendesse o sentido de toda aquela espera e de todo o seu esforço. Depois de um longo período de recolhimento, seu corpo se modificou, ela finalmente se olhou, se percebeu e entendeu que ganhou forças para romper os seus limites.

O casulo que ela própria tinha tecido para se proteger já não era mais um limitador. Dorothea abriu suas asas, libertou-se e voou. Dorothea se transformou em uma linda borboleta e alcançou seu sonho. Deu asas à sua própria liberdade. O céu era o limite.

Aproveite todas as fases

Quantas vezes você se sentiu uma larva, uma lagarta, uma crisálida presa em seu próprio casulo sem saber o destino que te esperava? Durante a vida, nós passamos por diversas fases, boas ou más, mas todas elas são determinantes para nosso aprendizado e autoconhecimento.

Muitas vezes, a sensação é de que não vamos conseguir alcançar o que planejamos. Mas é importante reconhecer que o fracasso é apenas mais uma etapa e não pode ter o peso para uma desistência. Ter fracassado não é uma derrota, é um processo. Aprender com as falhas e mapear os erros são questões fundamentais para o crescimento.

Além disso, é fundamental saber que o fracasso não é um fim. É, sim, um meio para a conquista de novas soluções. Fracassar não significa perder. O fracasso está mais relacionado à forma como lidamos com a situação do que com a perda em si. E o ideal é não encararmos essa perda de forma derrotista e, sim, como uma oportunidade de avaliar o que se fez até o momento e se reinventar.

Mas para tudo isso é preciso traçar um objetivo e viver cada etapa de forma plena. O primeiro passo precisa ser dado. É ele que vai levar a outros dez, cem, mil ou quantos forem necessários para a conquista final. E se os caminhos precisarem mudar ao longo da jornada, é preciso ser resiliente e aceitar as transformações.

Portanto, não tenha medo de fracassar e começar novamente. Quantas vezes forem necessárias. Tenha medo de não tentar ou estagnar diante das dificuldades. Veja o fracasso como uma oportunidade de seguir em frente, ainda mais comprometido com os seus ideais.

Para alguns, o fracasso significa falta de êxito, mas não é bem assim. Primeiro precisamos entender que existem percalços na vida que independem do nosso planejamento. É preciso se preparar para as adversidades.

No meio do caminho, tinha uma mudança

Traçar metas é extremamente importante, mas temos de ter em mente que nem sempre todas serão atingidas. É preciso flexibilidade para compreender e aprender com as mudanças e – se necessário – elaborar

Mônica Moraes Vialle | 115

novas rotas. Dessa forma, ao analisarmos nossas conquistas pessoais e profissionais fica fácil perceber que todos nós fracassamos em algum momento da vida.

Então, que tal desmistificar essa palavra? Fracassar não significa perder. Como já mencionado, o fracasso está mais relacionado à maneira como lidamos com a situação. E não podemos encarar isso de forma derrotista. Pense como uma oportunidade de avaliar o que fez até o momento e no que você precisa se reinventar.

Essa atitude está muito relacionada ao autoconhecimento: se nós sabemos aonde queremos chegar, não é uma adversidade que vai nos impedir. Por isso é importante ter empoderamento e resiliência quando algo não sai como planejado.

Resiliência é a capacidade do indivíduo de lidar com problemas, adaptar-se às mudanças e superar obstáculos sem que isso afete seu equilíbrio emocional.

Essa habilidade é fundamental para se aprender com as perdas e com as mudanças. É preciso encarar o fracasso como um aprendizado, sempre. E ter equilíbrio para levantar-se e seguir adiante apesar dos percalços no caminho. Afinal, nós não podemos prever o futuro.

Quando as coisas não saem como esperado, é claro que existe a dor. O fracasso dói e não devemos minimizar esse sentimento. Mas o que fazer com a dor? É sempre uma escolha. A nossa escolha. O fracasso real acontece quando deixamos sentimentos negativos, como a angústia e a sensação de fracasso, nos derrubar.

Mas podemos tomar as rédeas da situação e encarar o "fracasso" como parte da jornada. Obstáculos são feitos para podermos ultrapassar, seguir em frente e aprender com eles. E cada etapa exige de nós uma mudança interna.

Você está pronto para voar?

Quando se tem um objetivo, é preciso foco e determinação. Lembre-se da nossa pequena Dorothea. Voar estava na natureza dela, mas ela não sabia disso quando era apenas uma célula. Depois que já passou, é fácil olhar para trás e pensar que aquilo tudo foi destino, mas a persistência anda lado a lado com o sucesso.

E o fracasso pode estar no meio do caminho sem que seja encarado como derrota. Derrota é desistência e estagnação. Fracasso é etapa. Quando se tem um objetivo de longo prazo, é preciso olhar para a frente e encontrar motivação para a conquista.

Busque incentivo imaginando seu sonho se concretizar. Procure apoio da família e dos verdadeiros amigos. Não deixe que ninguém diga o que você pode ou não fazer.

Só você pode saber os seus limites e a capacidade que possui para superá-los, mas tem um segredo que talvez desconheça: você sempre pode mais do que acredita. A superação é a medida do desejo da sua conquista.

Você quer voar? Saiba que haverá etapas, mas ninguém poderá te impedir. Nem mesmo você. Não se engane com autodepreciações e negativismo.

Pense positivo e confie nos seus sentimentos, nos seus instintos e na sua capacidade de seguir em frente. Provoque seus instintos. Domine sua força. Alcance seus sonhos e tenha um bom voo. Você merece!

13

APRENDIZADOS EXTRAÍDOS DO FRACASSO NOS LEVAM AO SUCESSO

Neste capítulo, mostrarei que os erros são grande fonte de conhecimento, pois viemos ao mundo com o propósito de evoluir. O sucesso inspira, mas o grande norteador da vida é o fracasso. Com o aprendizado, mudamos nossas atitudes e, consequentemente, nossos resultados. O nosso futuro depende de nossas ações diárias, revestidas por uma vida abundante solidificada no amor, no perdão e na compreensão.

PETTY ENGEL

Graduada em Administração de Empresas. *Master coach*. Possui experiência e atua com desenvolvimento humano, com foco na área *life*.

Petty Engel

Contatos
pettyengel1@yahoo.com
Instagram: @pettyengel
Facebook: petty.engel

Insanidade é fazer a mesma coisa e querer resultados diferentes.
Albert Einstein

Em nossa história pessoal, muitas das ideias arrojadas e que se tornaram verdadeiros exemplos de sucesso nasceram depois de desastrosas experiências de fracasso.

A vida é feita de ciclos, de altos e baixos. Geralmente, quando entramos em um ciclo baixo é que aprendemos, é que evoluímos de fato, é que fazemos nossas reflexões mais profundas e conseguimos descobrir exatamente onde erramos, quais foram as atitudes e ações erradas, e então temos a grande oportunidade de aprender com esses momentos para não cometermos os mesmos erros.

Devemos tirar todos os aprendizados do que nos fez fracassar e mudar nossas atitudes com ações diferentes. Aliás, gosto muito da frase do Einstein que abriu este capítulo: "insanidade é fazer a mesma coisa e querer resultados diferentes".

O fracasso nos torna pessoas mais humildes, menos egoístas e com mais compaixão. Devido a ele fazemos uma análise do que podemos melhorar e como podemos avançar. Foi após um fracasso que descobri a maneira pela qual decidi evoluir, afinal, viemos ao mundo somente com o propósito da evolução.

Existem três maneiras de evoluir:

1. Pela experiência (a mais comum);
2. Pela meditação;
3. Pela imitação a grandes mentes (Jesus Cristo, Buda, Madre Teresa de Calcutá etc.).

Até eu fazer um processo de autoconhecimento, eu vinha evoluindo pela experiência (sofrimento). Ao adquirir o conhecimento, decidi evoluir pela imitação à grande mente de Cristo. Sempre que preciso tomar decisões desafiadoras, pergunto-me: "Como Cristo agiria nessa situação?".

Vou contar como foi minha experiência, como eu ressurgi, transformei-me, evoluí, cresci e pude vivenciar o sucesso após uma experiência dolorosa de fracasso.

Sou filha caçula, da terceira geração de uma família tradicional de fazendeiros no interior de Minas Gerais. Tive uma infância e adolescência de bastante abundância e aprendi com meus pais que não precisava estudar nem trabalhar, apenas me casar, pois eu herdaria um farto patrimônio. A vida confortável que levei, junto a crenças da criação, distorceu minha ótica, pois fiquei acostumada a não ter responsabilidades de estudo e trabalho. Mesmo assim, fiz Magistério e me formei em Administração de Empresas. E então me tornei uma mulher da sociedade que gostava de festas e luxo, de conviver com as pessoas, de viajar e cavalgar.

Casei-me aos 22 anos, e meu marido também vinha de uma família tradicional e abastada. Ele era construtor e tínhamos uma vida abundante.

Sempre muito vaidosa, decidi abrir uma loja de acessórios e perfumaria, porém eu não me dedicava, e ela ficava na mão de funcionários. Como sempre gostei de empreender, abri filiais em outras cidades próximas. Quando meu terceiro filho nasceu, vendi as lojas, pois elas eram apenas um capricho de dondoca.

Alguns anos depois, meu pai, entrando em nossa fazenda, sofreu um acidente, pois estava no início de Alzheimer, doença que não tínhamos percebido, mas que era a razão pela qual ele vinha perdendo o controle dos negócios. Meu irmão mais velho nunca demonstrou gostar de fazenda, e minha irmã do meio, que era casada com um fazendeiro, assumiu a contabilidade por um tempo, até que, em certa ocasião, viu que não dava conta. Sendo assim, resolvi assumir a administração, e a bomba estourou em minhas mãos. Acordada com meus irmãos, vendemos várias glebas de terra. E, como eu quem estava na administração, fui muito condenada pela sociedade, que não sabia verdadeiramente o que estava acontecendo, que meu pai estava com Alzheimer e havia prejuízos desastrosos na fazenda.

Após dois anos, com a expansão da mineração de meu marido e de meu irmão, mudamos para o interior do Estado de São Paulo. No início foi tudo perfeito, porém a mineração tinha dimensão maior do que esperávamos e necessitava de um capital além do planejado. Passamos por um período desafiador, e vencemos. Eu trouxe comigo muitas culpas que me fizeram refletir e entendi que nunca tinha sido preparada para ser empresária. Contudo, sempre tive o espírito empreendedor.

Nesse período, com meus filhos na faculdade de Direito e na faculdade de Medicina, já adultos, e o caçula entrando no Ensino Médio, vi-me em uma cidade grande, com os filhos praticamente criados, sem ter outro objetivo de vida. E continuei, com nossos amigos de quase 20 anos, a cavalgar. Porém, cansada dessa vida vazia, comecei a busca por um trabalho.

Certo dia, por acaso, encontrei-me com um profeta estrangeiro. Ele olhou para mim e disse que eu seria *coach*, que eu faria a diferença na vida de muitas mulheres e que escreveria livros. Naquele momento, sem acreditar, agradeci a palavra e fui embora. Menos de um mês depois, fui convidada a passar por um processo de *coaching*. Fiz, apaixonei-me e resolvi me profissionalizar, formando-me na maior instituição de *coaching* do mundo.

Cheguei lá com muitas dores e culpas por ter vivido uma vida abundante sem dedicação ao trabalho, mas ali descobri que aquilo ao que eu tinha me dedicado, que era minha família e meus amigos, eu tinha feito com excelência, pois tenho uma família maravilhosa e amigos especiais. Entendi que tudo em que a gente foca expande, e também que, na época, eu não poderia ter feito diferente, pois era a consciência que eu tinha. Com uma família perfeita e feliz e com amigos verdadeiros e queridos, resolvi que era a hora de olhar para meu pilar profissional e agir.

Apaixonei-me pelo desenvolvimento humano e, após entender que eu não deveria me sentir culpada por ter tido uma educação com amor e abundância, peguei as rédeas de minha vida com liberdade e leveza e me tornei uma *Master Coach* de excelência. Hoje, trabalho na área *life*. A profecia se concretizou, e eu me realizei profissionalmente.

O sucesso inspira, mas o que ensina mesmo na vida é o fracasso, de onde tiramos os aprendizados mais profundos. Na verdade, o fracasso é apenas a preparação para a chegada do sucesso. Com ele descobrimos forças que desconhecíamos. A partir dele enxergamos a dor do próximo e decidimos sair da zona de conforto, despertando-nos uma vontade louca de vencer, de dar a volta por cima, dar o melhor de nós para prosperar, ter sucesso e buscar a vida em harmonia e plenitude.

Ao longo desse aprendizado, construí uma capacidade empreendedora, uma musculatura emocional, porque lidei com muitos fatores que me abalaram de alguma maneira. Então, encontrei o foco para me colocar para a frente. Após uma vida de turbulências no campo profissional, decidi me conhecer, saber realmente quais eram as minhas habilidades, revisitar-me, ter consciência dos meus defeitos e ter atitude para mudá-los, conhecer meus princípios, descobrir minha verdadeira essência. Foi quando conheci a pirâmide do indivíduo (que é formada pelo ser, fazer e ter, e tem por base o ser) e vi que a minha pirâmide estava invertida. Sendo assim, busquei consertá-la, e consegui. Quando isso aconteceu, eu, ainda no processo de transformação, descobri meu propósito e minha missão de vida.

Como a vida é cíclica, para conseguirmos nos manter mais tempo no sucesso é preciso sempre estar revisitando nossos valores, avaliando como andam o orgulho, a vaidade e o ego.

Aprendi que o fracasso com aprendizado é o caminho para o sucesso, que o passado não nos define e que a beleza de todo o processo é ter a certeza e o conhecimento de que podemos ser a pessoa que desejamos ser.

O fracasso é, na verdade, uma guinada, uma possibilidade de alavancar algo novo, de seguir para uma nova chance. Ele está a serviço do sucesso, basta que aprendamos a usá-lo a nosso favor.

Fomos feitos de fábrica pelo Criador para o sucesso, não o contrário. Por isso, frustramo-nos com o fracasso, já que somos feitos para ter uma vida em abundância. Tudo ao contrário disso é disfunção causada por nossas crenças limitantes e sentimentos tóxicos.

Além disso, grande parte dos nossos sofrimentos e angústias se dá por causa dos significados dados às experiências de infância.

O significado real do fracasso é o "pare", tome consciência do que você está fazendo, mude suas estratégias. Parei de me culpar porque entendi que era a consciência que eu tinha na época e segui em frente. Até porque o problema não está no fracasso, e sim em não aprender com ele e no desistir.

Atitudes que levam ao fracasso:

- Medo de ser diferente;
- Falta de resiliência;
- Arrogância;
- Não construir uma rede de relacionamentos;
- Baixa autoestima;
- Não ouvir conselhos;
- Medo de errar;
- Insistir no erro;
- Falta de persistência;
- Falta de foco;
- Analisar demais;
- Falta de disciplina;
- Não assumir o protagonismo de sua vida;
- Não acreditar que realmente é possível;

- Ansiedade;
- Não acreditar que merece o sucesso;
- Só pensar no retorno monetário;
- Ficar esperando o despertar de sua verdadeira vocação;
- Não ficar atento às mudanças;
- Não saber exatamente o que quer;
- Ser exigente demais consigo mesmo.

Atitudes para obter o sucesso:

- Saiba como dizer não;
- Esteja aberto a críticas;
- Otimismo tem valor;
- Esteja disposto a falhar;
- Desenvolva habilidade de focar;
- Foque em um objetivo e mantenha-se progredindo nessa direção;
- Tenha atitude;
- Respeite a todos;
- Faça a diferença todos os dias;
- Concentre-se no que é importante;
- Goste do que faz;
- Lembre-se de que todo mundo tem algo a ensinar;
- Vigie e ore.

A persistência é o caminho do êxito.

Fracasso significa tentativa. E, quando tentamos muitas vezes, tornamo-nos excelentes naquilo que estamos repetindo.

Sucesso é uma questão de bons hábitos que se tornam excelentes comportamentos.

O fracasso vem antes do sucesso, porque nos ensina a refletir antes de agir, fazer escolhas, olhar para dentro, seguir a intuição e conhecer o fundo do poço para, assim, dar mais valor quando tudo der certo ou estiver tudo bem.

Em uma sociedade que relaciona sucesso com felicidade, a ideia de fracassar é vista como algo ruim, mas através disso podemos aprender muitas coisas, como, por exemplo, que não somos bons em tudo, a conhecer nossos limites, a buscar aquilo que desejamos e a aprender com os nossos erros.

Um dos motivos pelos quais temos a necessidade de evitar o fracasso é para não entrar em contato com sentimentos de inferioridade, incapacidade e rejeição que nos acompanham desde a infância.

Mas também há coisas positivas. A virtude do fracasso são os erros que fazem parte do processo de aprendizagem, e só fracassa quem tenta.

A maturidade vem acompanhada do sucesso, e ambos virão dos aprendizados que tirarmos de todas as situações vividas, principalmente as ruins.

Com um olhar positivo para o fracasso e também para todos os erros, perdas e decepções, podemos extrair desses acontecimentos negativos boas lições e aprendizados que se transformarão em passos em direção ao crescimento, à evolução e à maturidade, fazendo-nos mais conscientes, maduros, responsáveis, planejadores. Além disso, servirão de estímulo para agirmos com determinação e persistência rumo ao sucesso.

O que é sucesso para você? Se você disser que sucesso é ganhar dinheiro e ser bem-sucedido profissionalmente, eu lhe digo que preciso complementar a sua lista, porque sucesso é ter harmonia e prosperidade nas 11 áreas da vida (espiritual, conjugal, filhos, parentes, social, saúde, servir, intelectual, profissional, financeiro e emocional). E o verdadeiro sucesso é vencer a si mesmo.

Sucesso é ter conexão íntima com Deus, relacionamento saudável e afetivo com familiares e amigos, ter um *hobby*, estar em dia com a saúde e servindo sempre ao próximo, buscando mais conhecimentos para seus pilares intelectual, profissional e financeiro, entendendo que o emocional é o equilíbrio de todos os outros pilares.

Sucesso é ter uma vida alegre, feliz e abundante em todas as áreas de sua vida. Ele se inicia com o reconhecimento de como está sua vida e está diretamente ligado à alta performance nas ações, agindo na hora e na velocidade certas.

Sucesso é extrair o seu melhor e o melhor do outro com a inteligência emocional, tendo autocontrole, autoconfiança, superação, foco, transparência, humildade e honra.

Depois da prepotência vem o fracasso. Por sua vez, a inteligência emocional se torna otimista e vê o lado bom dos acontecimentos, dando-nos iniciativa para sairmos da zona de conforto e ajudarmos ao próximo.

Quem interfere em sua vida e define seu sucesso são suas emoções e suas crenças de identidade, capacidade e merecimento.

A mudança para o sucesso acontece por meio de sofrimento, medo, frustração e constrangimento.

O orgulho o impede de perdoar. Já o não perdão é o responsável direto pela não evolução do ser humano.

O orgulhoso não perdoa porque se acha perfeito e autossuficiente, quando na verdade é mentiroso e ingênuo. Esses comportamentos danificam o caráter.

Comportamentos da alta performance humana que levam ao sucesso

- Humildade;
- Integridade;
- Ambição;
- Persistência.

Ensine isso aos seus filhos e se tranquilize.

Não brinque com o dia de hoje, porque somos os resultados das experiências e dos plantios do passado, e hoje – já, já – se tornará passado. O que temos de fato é o hoje, o presente. Costumo dizer: o presente de Deus.

Nosso futuro depende de nossas ações diárias. Faça o que tem de ser feito, viva o hoje com consciência e responsabilidade; seja feliz; viva em abundância, harmonia, compaixão, perdão, amor e conexão com sua real identidade; vibre no sucesso. E, então, você terá entendido tudo.

14

CAMINHADA PARA O SUCESSO

Nas próximas páginas, vamos falar um pouco sobre minha caminhada e até onde eu cheguei, e minha visão de como continuar na batalha diária para o sucesso. Há muito chão pela frente até atingir o sucesso tão almejado.

RAINIER NESPOLO

Gestor financeiro, especialista em Finanças Empresariais, empreendedor e investidor, atua como palestrante, corretor e perito avaliador de imóveis. É *expert* em imóveis do mercado norte-americano.

Rainier Nespolo

Contatos
rainier.nespolo@gmail.com
47 99198 0602

Quando me perguntam o que é sucesso, penso em diversos quesitos. Temos o aspecto do sucesso na vida pessoal, ser feliz e realizado com seu parceiro(a) e filhos; tem o aspecto profissional, onde ser um profissional reconhecido ou ter um alto cargo em uma empresa seja a concepção de sucesso. Mas o que é necessário para atingir o sucesso? Em minha vida, as coisas nunca foram fáceis. Nasci em uma família humilde na década de 1980, sendo o segundo filho de três, onde desde pequeno aprendi o valor do trabalho e, principalmente, do dinheiro. Meu pai vendedor e minha mãe costureira sempre estavam se reinventando, e nós, os filhos, sempre juntos, ajudando no que podíamos, sem deixar os estudos de lado. Lembro como hoje das capas de máquina de escrever, depois das capas de computadores que meus pais confeccionavam e vendiam. Quando adolescente, busquei trabalho para desbravar o mundo profissional e, dentre muitas áreas em que trabalhei, uma me chamou mais atenção e foi a que eu busquei me especializar, a segurança privada. Com o apoio familiar, montamos uma empresa e, após muito trabalho duro, captei muitos clientes. Porém, sendo um jovem com pouco mais de 20 anos se aventurando em um mar de tubarões, não demorou muito para a empresa sucumbir à concorrência, e daí sobrou-me uma dívida gigantesca, o gosto amargo do fracasso estava em mim e uma sensação de impotência e depressão assolou minha vida.

Percebi que não poderia abandonar meus sonhos e desejos, notei que precisava aprender sobre finanças, uma boa administração financeira, que isso me tiraria do sufoco. Então, busquei me aprofundar nesse ramo, especializando-me em Gestão Financeira Empresarial, momento em que dei início a consultorias financeiras para empresas. Daí em diante tudo parecia que iria fluir. Pouco a pouco, em diversas consultorias consegui negociar muitas dívidas de clientes e, com os lucros obtidos, já começava a negociar as minhas próprias. Para tanto, procurei não fazer mais despesas, andava com o carro emprestado da família e usava meu tempo para estudar e me especializar cada vez mais. Estava trabalhando por um longo tempo só com consultorias, mas eu queria mais. Sempre mais.

Por trás de toda pessoa de sucesso, existem anos de trabalho duro e de fracassos.
Autor desconhecido

Neste caminho me deparei com as áreas imobiliária e de construção civil. Nunca foi muito do meu agrado trabalhar para outras empresas, sempre quis independência de horários e financeira, mas para saber trabalhar na área de imóveis precisava conhecer a estrutura por dentro, então iniciei o curso técnico em transações imobiliárias. Eu já tinha o tecnólogo em gestão financeira, o que me ajudou muito, porém, não teve jeito, precisei entrar no mercado de trabalho formal.

É fazendo que se aprende a fazer aquilo que se deve aprender a fazer.
Aristóteles

Após cerca de um ano trabalhando no ramo, novamente com todo o apoio da família, empreendi mais uma vez. Uma imobiliária saindo do papel com muitos contatos por conta das consultorias e dos bons relacionamentos profissionais resultou, já no primeiro ano, em um faturamento de pouco mais de 500 mil reais.

Estou convencido de que a metade do que separa empreendedores bem-sucedidos daqueles que fracassam é a perseverança.
Steve Jobs

Sempre em busca de mais e não me deixando acomodar, surgiu a oportunidade de adquirir uma loja de tintas e construção, abrangendo ainda mais a carteira de investimentos. Trata-se de uma loja simples com cerca de 70m², mas com grande potencial de crescimento. Prova disso é que iniciamos os trabalhos para ampliar a linha de vendas e agregar mais valor de mercado: ampliamos a linha de produtos de acabamentos, fizemos algumas viagens de negócios para fechar ótimas parcerias e estabelecemos muitos contatos com construtoras e prestadores de serviços.

Mas estamos só no começo de onde almejamos chegar com essa empresa.

O fracasso fez parte da minha vida, mas não me deixei abater, nem isso tirar minha força de vontade.
Rainier Nespolo

Essa breve história conta um pouco sobre o que passei até esse momento. Lendo estas linhas, até parece tudo muito fácil, mas ainda não é, há muito esforço e lutas pela frente, mas jamais podemos nos deixar abater. Tem um sonho? Por mais longínquo que possa parecer, batalhe, lute, supere; não há obstáculos, não há barreiras para quem busca com fé e determinação seus objetivos. Jamais deixe conselhos e críticas de quem nunca construiu nada lhe abater; vista-se toda manhã com orgulho, olhe-se no espelho e veja um vencedor. Nunca, jamais, se preocupe com os problemas, busque sempre canalizar suas energias nas estratégias de resolução.

Só se atinge as metas ao estabelecê-las. Não procrastine e mantenha uma organização pessoal e profissional bem assimilada. Não desanime nas pequenas falhas do dia a dia, ao contrário, aprenda com elas e leve como lição todos os acontecimentos. Se você tentar e falhar, tente novamente, e de novo e de novo.

Só assim você chegará lá.

De um modo geral, as pessoas estão insatisfeitas em um menor ou maior grau de frustração com a vida que estão levando. Elas se queixam da sua maneira de viver, do emprego que têm, de um vazio expressivo, do corre-corre diário, do tédio que as acomete... Ainda que o esforço seja grande para parecerem felizes, o nível de tensão, fadiga e ansiedade é devastador.

As pessoas não escondem mais suas angústias, as ansiedades, seus problemas conjugais ou profissionais, as depressões... nós não aceitamos mais este estado crônico de desgaste.

Nesse ponto de esgotamento é que vemos o fracasso em que nossa vida está se delineando, e precisamos entender que a mudança tem de acontecer.

A atitude de mudar, de buscar mais, de crescer é fundamental para a evolução.

Nesse momento decisivo, surgem perguntas como: Será que vale a pena? Será que o preço pago condiz com o que recebemos em troca? O que há de errado comigo? Só eu estou passando por isso? Essa é a melhor forma de viver?

Tudo isso acontece em decorrência de uma grave crise em que o mundo vive hoje, abrangendo as áreas de saúde e financeira, que gera sintomas que o escritor norte-americano Alvin Toffler chamou de "Choque do Futuro".

As mudanças no cenário global atual são tão poderosas que desagregam os valores básicos, e isso precisa ser encarado como uma necessidade elementar de mudança na nossa forma de viver.

O processo para o sucesso é uma tarefa individual. Devemos aprender a lidar com as forças contraditórias de pessoas em uma sociedade em crise, mas precisamos acreditar na possibilidade de um modo de viver melhor. Temos de perder o medo, o compromisso com o sucesso deve ser primordial.

Para tanto, vamos praticar a idealização de seus desejos. Escreva-os em um papel, faça um mural, olhe para eles todos os dias; medite visualizando todos os objetivos realizados, confie e esteja consciente do momento presente. Assuma a responsabilidade pela sua vida. Aceite que toda ação trará uma consequência, que isso lhe levará para mais próximo ou mais longe de seus desejos. Permaneça aberto a pontos de vista diferentes, dado que todos eles podem ser aprendizados – mesmo que seja de como não se fazer algo. Observe todas as escolhas feitas.

Ou você diminui seus sonhos, ou aumenta suas habilidades.
Jim Rohn

Não tenha medo. O medo é um dos maiores inimigos do sucesso. Todos nós temos sonhos, mas o medo da mudança, o medo de sair do emprego, de mudar de faculdade ou de profissão, de ter outra atitude... esse medo é o que impacta as pessoas, fazendo-as permanecer estagnadas em suas vidas.

Devemos ter coragem de mudar isso em nossas vidas, nos preocuparmos mais em ganhar, em vencer, pensando menos nas eventuais perdas. É preciso nos atermos aos possíveis lucros, aos ganhos, à evolução. Cada vitória vai ser um passo a mais, um degrau a menos para o sucesso. O que temos de mais sagrado é a nossa própria vida e sabemos que um dia iremos perdê-la. Então, nesse meio-tempo, o que iremos fazer com ela? Viver o medo? Ou viver as realizações?

Bem-aventurado aquele que já consegue receber com a mesma naturalidade o ganho e a perda, o acerto e o erro, o triunfo e a queda, a vida e a morte.
Autor desconhecido

Portanto, vamos usar a vida que recebemos, a dádiva da escolha e da liberdade. Hoje, nós vivemos no melhor período da história, pois somos livres para empreender, para criar, para questionar e inovar.

Sendo assim, vamos deixar de procrastinar e apostar mais nas possibilidades infinitas de sucesso que temos. Não use o medo como desculpa. Temos muitos casos de empreendedores que ficaram milionários após arriscar, após largar seus empregos e investir em seus sonhos; de pessoas que, após abrirem uma loja de menos de 50m², seguido de muito trabalho e dedicação, hoje dirigem grandes redes. Há também profissionais que foram demitidos de seus empregos e que hoje são grandes personalidades trabalhando em diversas áreas de atuação.

O que precisamos almejar é a realização. Então, vá em busca da realização. Busque seus sonhos. Busque seu sucesso. E lembre-se: o fracasso é só um aprendizado para o sucesso!

15

SOMOS PRISIONEIROS DE "EXPECTROS"!?

Convido para olhar para certas versões que fazemos de nós – em tantas formas, fantasiosas, ilusórias – que permeiam nossos relacionamentos. Quanto de expectativa há em meu dia? Quantas fantasias permeiam minhas relações? O que acredito que os outros esperam de mim? O quanto disso me persegue como um fantasma? Lidamos e administramos isso ou somos tomados por isso?

RENÉ SCHUBERT

René Schubert

Especialista em Psicologia Clínica. Pós-graduação em Terapia Psicanalítica. Formação contínua em Psicanálise, Terapia EMDR, Programação Neurolinguística, Técnicas Transpessoais, Terapias Breves e *Coaching*. Formações em Constelação Sistêmica Familiar no Brasil, Áustria e Alemanha. Atua, desde 2001, com atendimento psicoterapêutico (infantil e adulto); psicodiagnóstico; orientação vocacional; educação sexual; acompanhamento terapêutico; supervisão e grupos de estudo. É palestrante, docente, intérprete e tradutor (alemão e inglês). Coescreveu os livros *Toques na alma* vols. 1 e 2 (2017 e 2020); *Direito 4.0 - Inovação empática na resolução de conflitos* (2020) e *Práticas sistêmicas na solução de conflito através de casos* (2020). É autor de *Constelação familiar: impressa no corpo, na alma, no destino* (2019).

Contatos
Blog: http://reneschubert.blogspot.com/
rene.schubert@gmail.com

Na correria do dia a dia, entre relatórios, reuniões, tarefas, contas a pagar, telefonemas, e-mails urgentes, mensagens não respondidas, atualizações nas mídias sociais, videochamadas, atividades recreativas e esportivas, *happy hours*, *hobbys*, aulas, encontros sociais... Ufa! Muitas vezes apercebemo-nos... autômatos. No piloto automático. Em uma espécie de transe. Alienados de nós mesmos. Seguindo por vezes informações, jeitos, formas, tendências... mas sem saber muito bem como, onde e quando isso começou.

Você alguma vez percebeu isso?

Em caso afirmativo, bem, isso não é tão incomum assim. Em vários aspectos em nossa vida, consciente ou inconscientemente, direta ou indiretamente, nos iludimos. Sem pensar. Ou melhor dizendo, sem tomar consciência do(s) fato(s). Sem tomar consciência do si mesmo(a), no contexto, na situação, na relação em que se encontra. Quando me dei conta... Puf!, já estava no automático! De novo! E nisso criamos (pseudo)realidades. Criamos ficções. Não nos apercebemos da forma como tratamos, somos tratados e fazemos as coisas.

Negamos, omitimos, fantasiamos, falseamos a realidade. E, talvez, essas atitudes estejam mais intensas e frequentes neste momento atual, de virtualidade. A realidade, os relacionamentos e a comunicação são virtuais. As atividades on-line tomam cada vez mais espaço e tempo.

Estamos em novos tempos. Tempos "globalizados" e "hiperconectados". Tempos, como nos diz Zygmunt Bauman, de "modernidade líquida". É neste cenário e momento sociocultural "on-line" que muitas crianças e jovens estão imersos e se desenvolvendo. Novos paradigmas, novos desafios, novas formas de se relacionar e de se comunicar. Se já era natural haver uma certa distância entre as gerações dos pais e dos filhos, isso se tornou mais evidente e potencializado nos dias atuais. A tecnologia, as mídias, os aplicativos, os games, todos ambientes virtuais, têm enorme poder de sedução sobre crianças, jovens e adultos. Os adultos criam a tecnologia, as crianças nascem imersas nela. Portanto, quanto mais jovem, mais difícil a percepção e a diferenciação entre realidade e fantasia. Do real e do virtual. Do tocar, no sentido físico, e do estar em contato, no sentido virtual. Do conversar pessoalmente, olho no olho, para o *chat* em aplicativos, dedilhando.

O encontro e relacionamento com o outro no sentido físico e íntimo é uma vivência, cheia de desafios, mal-entendidos, afetos e emoções à flor da pele, com significação e ressignificação. Uma montanha russa. O encontro virtual é uma máscara ideal e irreal. Um personagem. Torna-se uma proteção e ilusão promovidas e mantidas por avatares facilmente moldados, vaidosos, na moda, impulsivos e com baixíssimo limiar de frustração. Qualquer dificuldade, "tá *block*", é apagado ou excluído. E os limites... bem, os limites e fronteiras no mundo virtual são efêmeros. Caso não tenhamos claros os limites e fronteiras na nossa vida diária, no convívio em sociedade, na troca relacional, com nosso corpo, esses serão ainda mais etéreos e difíceis de delimitar no mundo virtual.

Criamos um perfil nas mídias sociais. Um personagem da forma como gostaríamos, ou melhor, da forma que acreditamos que as pessoas gostariam que nós fôssemos. Assim, fazemos parte e somos aceitos dentro deste universo imaginário-volátil-on-line. Você pode prosperar sendo curtido, ou sucumbir, sendo cancelado. Aceito ou Deletado. E nesta lógica, ficamos presos aos personagens, espectros de nós mesmos. Quantos ideais e expectativas temos? Quantas expectativas o outro, imaginário, tem sobre nós? O que esperam de mim e o que quero para mim?

E, às vezes, com meu avatar eu pareço tão feliz, tenho tantos amigos e todos os recursos, atualizações, *ranking*, poder... quantas vezes me refugio neste mundo? E não estou falando apenas dos videogames, mas das mídias e redes sociais. Estamos sempre conectados e em contato virtual. Estou me comunicando virtualmente e, quando me dou conta, quanto tempo já estou conectado? Aquilo aconteceu de verdade, ou foi apenas virtual? Imaginado? Meu corpo estava envolvido ou apenas minha mente? É aí que percebo que, às vezes, a mente mente!

No lugar do real criamos uma ficção referente, representante de algo, sobreposto, colado sobre o que se mostrava na realidade. Uma espécie de farsa, um teatro de sombras, a fantasia de uma superação da realidade pela imaginação. Um antídoto para a frustração e para o desprazer. Parte consciente, em grande parte inconsciente. Vou mantendo, assim, a zona de conforto e a falsa ideia de controle da realidade.

Seguem algumas reflexões disponíveis nas mídias sociais, são reflexões de pensadores brasileiros

> *Guarde suas expectativas. Ou se possível, não crie expectativas. Se você espera muito e nada acontece, você se decepciona. Se você espera nada e algo acontece, você se surpreende.*
> Pedro Bial

> *Excesso de expectativa é o caminho mais curto para a frustração.*
> Martha Medeiros

> *Expectativa é igual paçoca, do nada esfarela tudo.*
> Ditado Popular

Gostei particularmente desta última, a verdade, na sabedoria popular, sobre expectativas... ou seja, paçoca! Isso é tão verdadeiro. Ou, ao menos, toca em verdades. O que eu vejo, ouço, sinto na relação com o outro é real? Ou são as minhas expectativas projetadas, falando, ouvindo e sentindo? Eu "expectro" (expectativa + espectro) o outro ou me relaciono com ele, tal qual ele se mostra e é? Claro que relações são a dois, ou seja, todos nós "expectramos". A dúvida é: nos relacionamos? Formamos laços, vínculos, trocas reais com outro(a)? E conosco mesmo(a)? Será que me relaciono ou me "expectro" a mim mesmo(a)? Vivo a vida ou flutuo em uma bruma de ilusão?

> *Expectation is the oppositive of Relationship – A Expectativa é o oposto de Relação.*
> Stephan Hausner

Costuma-se pensar: *"Ah que bom seria se... e se ele(a) pudesse entender isto... que decepção que ele(a) me causou... me olho no espelho e me desaponto com... se ao menos as pessoas... seria tudo diferente se ele(a) ao menos... ele(a) me fez pensar que... Eu não esperava isso de você..."* e tantos outros exemplos.

Escolho a verdade dura, as renúncias atreladas, as consequências e efeitos de meus atos – a minha responsabilidade pelo que faço, vejo, sinto, escolho... – ou, então, prefiro "mentirinhas" confortáveis, instantâneas, imediatas, imaginadas, completas, construídas virtualmente na velocidade e facilidade de um *click*!

"As massas nunca tiveram sede de verdade. Elas querem ilusões e não vivem sem elas" (1996); além desta de Sigmund Freud sobre as massas, o grupo padronizado, uniformizado de pessoas, temos também o refúgio nas ilusões, falsas promessas, ideias simplistas e confortáveis. As ilusões têm algo ao mesmo tempo de fugidio, rápido, simples e... controlável. A ideia de que posso ter, desfazer, terminar, deletar, dominar, tudo sem muito esforço, sofrimentos ou renúncias. O mundo da fantasia é um mundo de prazer, possibilidades, vaidades e onipotência. Quando crianças, isso faz muito sentido: tenho o mundo em minhas mãos – claro, há um adulto cuidando do mundo, enquanto sonhamos e fantasiamos um dia sermos grandes.

E, a partir desse mundo de fantasia, lentamente, a criança vai adentrando na realidade. Um adentrar que não ocorre sem certo sofrimento e luto. O "adultecer" tem este preço. Percebo que aquilo que eu achava que era não era bem assim. E aquilo que não era bem assim ainda está longe de ser o que penso que é. As coisas começam a receber amplitude, a ter peso, consistência, valor, consequências. Dói. Dói demais. Escapam o tempo todo das mãos. Não consigo conter, manter, encapsular. Crio o mundo à minha volta a partir de minha fantasia, pontos de vista, conceitos (e pré-conceitos) – em grande parte envoltos em uma roupagem de ilusão, que o torna mais amigável, fácil, digerível, possível, bem na minha medida!

Mas não é! E isso me irrita. Desanima. Frustra. Vem aquele vazio incômodo. Aquela sensação de *"O que estou fazendo com a minha vida?"*

Conforme a colocação do psicanalista Jorge Forbes: *"Desde que a gente nasce, a gente vive escravo da expectativa do Outro"*. Somos nomeados. Somos esperados. Somos falados. Há expectativas sobre mim do papai, da mamãe, dos avós, da comunidade, de quem nem conheço ou faço ideia – aliás nem ideia de mim mesmo eu tenho ainda, são os outros que as têm e proferem: *"Se for menino, ele vai continuar o negócio que meu pai criou... Ela vai ser um alento para nossa família, depois de tudo o que aconteceu... Já comprei a camisa do time e vou levar ele no estádio assim que der... agora a irmã não vai se sentir tão sozinha... agora com esta criança, nosso casamento vai ter mais chances..."* – e isso apenas para ilustrar alguns exemplos dessas expectativas, discursos que nos marcam antes mesmo de nascermos. E vou precisar de um longo tempo para me dar conta dessas expectativas depositadas sobre mim, tanto as próprias quanto as dos outros, que eu achava, até então, que eram minhas. Achava ter controle.

Na reflexão *"Tudo o que nos irrita nos outros pode nos levar a uma melhor compreensão de nós mesmos"*, de Carl Gustav Jung, temos a ação do mecanismo de defesa chamado projeção. A projeção é o ato de imprimir aspectos nossos sobre pessoas e situações de forma encoberta e oculta a nós mesmos. Reconhecemos o "erro", o "incômodo" naquilo que o outro faz, pois isso não nos agrada em nós mesmos. Colocamos para fora e disfarçamos no outro. Sobrepomos sobre o outro. E essa mistura pode causar diversos mal-entendidos, erros de percepção, avaliação, interpretação. Um julgamento pessoal onde talvez seria necessária, sim, uma autoavaliação, uma autopercepção de si no meio e seus efeitos.

Na psicologia, temos o conceito de transe. Em algum momento do dia de uma pessoa certo evento, situação, acontecimento, engatilha uma lembrança anterior, por vezes muito antiga e, de forma inconsciente, a pessoa fica em um estado alterado de consciência, não respondendo mais pontualmente ao evento no momento presente, mas da forma como havia respondido, ou melhor, reagido, em algum período do passado. Claro, sabemos o quanto é importante diferenciar e colocar cada coisa em seu lugar, para que se possa atuar com força e segurança, no aqui e agora, no presente. Mas no estado de transe, isso se perde. Pois está-se preso, de forma imagética e sensório-emocional, em algo anterior. E não se percebe como esta imagem, sensação ou história passada está se sobrepondo ao presente: o transe impede a pessoa de **agir** no presente, mas sim, ela **reage** ao presente.

A partir disso, o processo psicoterapêutico, por exemplo, busca então tornar o cliente consciente de si e também de seus recursos internos e externos. Torná-lo consciente e presente, no aqui e agora, para que possa se perceber nos seus meios de atuação e avaliar, validar ou ressignificar sua forma de se portar, comunicar, trocar, lidar no e com o meio familiar, social e profissional.

Tem jeito, então?

O ponto aqui é a saída do transe, da alienação de si, do automatismo, da expectativa sobre tudo e todos. As expectativas e fantasias precisam ser vistas, reconhecidas, revistas e, conscientemente, adaptadas e atualizadas.

Que tal fazermos o exercício de tomar as coisas como são? Tomar contato com a realidade nua e crua? Sem acréscimos, certo ou errado, bom ou mau, sem mudanças – a não ser a nossa própria. Nós observamos, avaliamos, respiramos fundo, adaptamos, fazemos concessões, renúncias, negociamos, comunicamos, trocamos com nossos pares. Nos modelamos. Nos flexibilizamos. Conscientemente.

Nosso exercício diário e postura é reconhecer o que se mostra, da forma como se mostra; tomar consciência disto; diferenciar aspectos, processos, personagens; ressignificar, elaborar e lidar com o percebido, conscientizado e apreendido a partir daí.

René Schubert | 143

Assim, tornamo-nos adultos e "pagamos o preço". Assumimos as consequências e tomamos consciência de nosso lugar e possibilidades neste curso da vida. Talvez, da "nossa" vida. O fato é que as ilusões continuarão existindo. Os processos inconscientes e conflitos internos e externo também. Assim como as expectativas, do outro e as próprias. Por vezes, tudo junto e misturado. É um processo de maturação: maturar as ações, os pensamentos, as perspectivas, a postura. Um caminhar de autoconhecimento, crescimento e desenvolvimento, que vai acontecendo enquanto caminhamos. Conscientes de nossos erros, falhas e fracassos e seguindo adiante, tendo estes como avisos, alertas, aprendizados.

É uma escolha. Uma tomada de decisão. Sigo esperando e criando expectativas? Ou reconheço o que está à minha frente? Sem tentar controlar a realidade. Sem tentar alterá-la, maquiá-la, falseá-la. Permito-me viver, sem nada esperar. Deixo esta realidade tocar o meu corpo, sinto-a e, a partir disso, entro em relacionamento com a vida. Permito-me dançar nos movimentos da vida. À medida que esta se mostra e realiza, vou me transformando.

Pois é... no final, trata-se "apenas" de meu nível de consciência, nestes "pequenos" detalhes, só isso! Seguimos! Conscientes de nós e das paçocas em nosso dia a dia!

Termino com Clarice Lispector:

> Não se preocupe em entender. Viver ultrapassa todo entendimento. Renda-se como eu me rendi. Mergulhe no que você não conhece como eu mergulhei.

Referências

BAUDRILLARD, J. *Simulacros e simulação.* Lisboa: Relógio d'Água, 1991.

BAUMAN, Z. *Amor líquido: sobre a fragilidade dos laços humanos.* Rio de Janeiro: Zahar, 2004.

BIAL, P. Disponível em:<https://www.pensador.com/frase/MTIyM--zI5Ng/>. Acesso em 15 out. de 2021.

BRYSON, T.; FRANKE-BRYSON, U. *Trauma, transe e transformação: o poder da presença na prática.* São Paulo: Conexão Sistêmica, 2013.

FORBES, J. *O que esperar do futuro?* Live organizada por Prof. Emilly Fidelix e transmitida em 05 de junho de 2020. Disponível em: <https://youtu.be/DSuqImbNvbQ>. Acesso em: 15 out. de 2021.

FREUD, S. "Psicologia de grupo e a análise do ego". In: *Obras completas de Sigmund Freud*. v. 18. Rio de Janeiro: Imago, 1996.

FREUD, S. Disponível em: <https://www.pensador.com/frase/MTc1M-DI5NQ/>. Acesso em: 15 out. de 2021.

JUNG, C. G. Disponível em: <https://www.pensador.com/frase/ND-MxMzk/>. Acesso em: 15 out. de 2021.

LISPECTOR, C. Disponível em: <https://www.pensador.com/frase/MTQ0MDMy/>. Acesso em: 15 out. de 2021.

MEDEIROS, M. Disponível em: <https://www.pensador.com/frase/NzQ5NDky/>. Acesso em: 15 out. de 2021.

ROUDINESCO, E.; PLON, M. *Dicionário de psicanálise*. Rio de Janeiro: Zahar, 1998.

SCHUBERT, R. *Relação Eu e o Outro*. Texto de 14 de janeiro de 2018. Disponível em: <http://reneschubert.blogspot.com/2018/01/relacao--eu-e-o-outro.html>. Acesso em: 15 out. de 2021

SCHUBERT, R. "Do real e do virtual". *Jornal Zen*, Campinas, ano 15, n. 173, Julho de 2019.

SCHUBERT, R. Anotações da formação intensiva em constelação familiar e saúde sistêmica com Stephan Hausner, Valinhos/SP, 13 e 14 de agosto de 2018. Disponível em: <http://aconstelacaofamiliar.blogspot.com/2018/08/stephan-hausner-saude-sistemica.html>. Acesso em: 15 out. de 2021.

16

O FRACASSO SÓ EXISTE PARA AQUELE QUE DESISTE

Neste capítulo, você compreenderá que é uma escolha encarar o fracasso como *feedback*, como uma oportunidade de cultivar sua determinação e resiliência. E isso, aliado à clareza de propósito e à estruturação, em torno do fracasso, dos quatro fatores comuns a todos, é fundamental para o sucesso, pois só alcança quem persiste.

RONALDO BITENCOURT DUTRA

Ronaldo Bitencourt Dutra

Procurador do Município de São José do Rio Preto, em São Paulo, foi nomeado na mesma cidade, em janeiro de 2021, para cargo em Comissão de Diretor da Escola de Gestão Pública Ana Maria Vilela. É *master coach* nos nichos de Comunicação e Gestão Pública, com formações em: *Professional & Self Coaching*, Analista de Perfil Comportamental e 360º, *Master e Business Executive Coaching*, pelo Instituto Brasileiro de Coaching. Possui certificações reconhecidas internacionalmente por: Global Coaching Community (GCC), European Coaching Association (ECA), Behavioral Coaching Institute (BCI), Internationl Association of Coaching (IAC) e Center for Advanced Coaching (CAC). Possui, também, *master practitioner* em Programação Neurolinguística (PNL) pelo Instituto Elã Vital e treinador comportamental pelo Instituto de Formação de Treinadores – IFT. É ainda *trainer* e sócio da RBD Treinamentos Ltda., palestrante, criador do curso *Destrava - superando o medo de falar em público*, e do *Day Training TriunfalMente*, treinamento de 8 horas sobre autoliderança e inteligência emocional, que faz parte dos *workshops* Triplo C – Coaching, Café e Cookies e Lidando com a sua Autoestima.

Contatos
www.ronaldobdutra.com.br
ronaldo@ronaldobdutra.com.br
Instagram: @ronaldodutraoficial
Facebook: ronaldodutraoficial
YouTube: Ronando Dutra
LinkedIn: Ronaldo Bitencourt Dutra
17 98817 6808

Para Sarah Lewis (2015), a palavra fracasso é imperfeita pois, assim que a realidade começa a se transformar, ela perde seu significado estático de falência e passa a exprimir um conceito dinâmico de aprendizado, tentativa ou reinvenção.

Assim, não conseguir fazer algo não é um fracasso se houver novas tentativas que nos permitam alcançar o objetivo pretendido. Logo, o oposto de sucesso não é o fracasso e sim a desistência. A vitória jamais sorrirá para aquele que desiste. Porém, quem persistir e aprender a lidar com as *"derrotas temporárias"* (Hill, 2018) desenvolverá a maturidade emocional e a força de caráter necessárias para obter sucesso.

Sucesso é sinônimo de determinação, resiliência. O fracasso é só uma etapa a ser superada com disciplina e persistência. O propósito deste texto é contribuir para que você ative sua identidade própria e se transforme em protagonista da sua vida. Para isso, não pode sufocar a felicidade e a sabedoria que já habitam em você. Afinal, tanto uma boa saúde quanto o alto-astral são fundamentais para manter sua energia positiva.

Concentre-se no seu espírito para encontrar sensatez, prudência e prosperidade. Seu espírito é sua conexão com o Criador, e quem não cuida da vida espiritual perde o controle da mente e pode acabar limitado aos prazeres mundanos, entregando-se aos vícios e corrompendo sua alma para ter sempre mais, esquecendo-se de ser.

Cuide do seu espírito, seja buscando a Deus, à espiritualidade superior ou alguma forma de sabedoria. Tome sua família como a base de tudo e aceite seu chamado. Lembre-se de que a mudança definitiva depende de um elemento crucial: a fé (Duhigg, 2012). Quem tem fé desenvolve mais autoconfiança, resiliência e crença na mudança, na superação.

Normalmente, as pessoas contam suas histórias de superação passando muito rapidamente pelas quedas, como se elas fossem indolores. É claro que os tropeços trazem sofrimento; porém, eles fazem parte do processo de cura e autoconhecimento.

Fracassar dói e é constrangedor. É preciso assimilar os golpes, respirar fundo, analisar os motivos da queda, permitir-se sentir e entender a emoção que a situação trouxe à tona e agir de acordo com os aprendizados que a experiência proporcionou.

Minha história não difere muito da de outras pessoas que conseguiram superar as dificuldades. Foi um caminho duro: excesso de timidez, limitações econômicas, faculdade abandonada, trabalho na roça, início e conclusão da faculdade de direito com muito sacrifício; da dor das reprovações a Procurador, do entusiasmo do empresário iniciante à frustração dos resultados negativos; do amadurecimento às primeiras conquistas empresariais.

Demorei muito para me decidir sobre qual vestibular prestar, indeciso entre medicina (mais por ego do que por vocação), direito e tecnologia. Levado pelo embalo de uns amigos que iriam estudar processamento de dados na Fatec, em Taquaritinga, me inscrevi no vestibular e, infelizmente, fui aprovado, pois bastou alguns meses para eu descobrir que o curso não era para mim. Sem emprego nem dinheiro, portanto, sem condições de fazer cursinho, restou-me a opção de trabalhar na roça, carregando lenha. Ir para a roça foi um processo de dor e cura, no qual aprendi a lidar com os sentimentos de autopunição e revolta, de raiva contra o mundo "injusto". Na época, não tive noção de que, naquela situação, estava aprendendo uma importante lição: as coisas não acontecem com você, e sim para você! Seja grato!

Do fracasso ao sucesso, o que existe são apenas resultados de um conjunto de escolhas, ações e atitudes mentais que os antecedem. Pessoas realizadoras não são aquelas que nunca falharam; ao contrário, são aquelas capazes de extrair uma nova experiência de aprendizado a cada tentativa.

Isso é *feedback*. E a vida nos dá *feedbacks* a todo instante. Podemos aprender tanto com os nossos erros quanto com os erros de outrem. Para analisar o *feedback*, é preciso dar um passo atrás, voltando ao contexto imediatamente anterior ao resultado.

No meu caso, quais foram as decisões que tomei? As escolhas que fiz? Como era minha atitude mental e comportamental no último ano do colégio? Eu não sabia o que exatamente queria fazer da minha vida. A falta de clareza, de objetivo e de prioridade me fez usar mal os recursos de que todos nós dispomos. Hoje sei que a clareza de propósito e alguns hábitos são fundamentais para o sucesso. Por isso recomendo a leitura do livro *Os 7 hábitos das pessoas altamente eficazes*, de Stephen Covey.

Todos nós, sem exceção, temos 24 horas a cada dia. O que difere é o modo como cada um usa seu tempo. O mesmo acontece com nossa energia. Podemos até ter tempo de sobra, mas se não dispusermos de energia, talvez esse tempo não tenha tanta valia.

É preciso direcionar nosso tempo e energia para aquilo que deve ser nossa prioridade maior e que vai nos trazer resultados melhores e mais duradouros. Cuidar do nosso capital não se restringe aos recursos financeiros: inclui inteligência, conhecimento, criatividade e iniciativa. Quer saber onde está sua prioridade? Preste atenção a como está investindo seu capital. É preciso ter um equilíbrio entre estudo e diversão, economia e gastos, produção e descanso etc.

No que diz respeito aos relacionamentos, sabemos que eles são muito importantes no processo de mudança ou de crescimento pessoal e/ou profissional. Claro que não é preciso abandonar os amigos, mas devemos estar atentos se "com quem" e, especialmente, "como" nos relacionamos prejudica a clareza de objetivo, os recursos tempo, energia e capital, além de outros elementos importantes.

Neste ponto, aproveito para fazer umas perguntas a você, leitor:

- Você tem um objetivo definido? Sabe quais devem ser suas prioridades e estabeleceu a estratégia para realizar seu objetivo?
- Como você usa ou vem usando o seu tempo?
- Como você usa ou vem usando sua energia?
- Como você usa ou vem usando o seu capital?
- Com quais pessoas você vem se relacionando? Como é esse relacionamento?
- Como e quando você irá estruturar seu tempo, sua energia, seu capital e seus relacionamentos em torno de seu objetivo principal definido?
- Compromete-se a se fazer essas perguntas constantemente e analisar os *feedbacks*? Note o quão importante é manter a vigília sobre si mesmo, pois a vida é um ciclo e podemos voltar a cometer os mesmos erros.

Com muito sacrifício, ingressei na faculdade de Direito e, anos depois, me formei com a convicção de que queria atuar nessa área. Saí do meu emprego (na época trabalhava na loja da TAM) porque, não obstante a gratidão que sentia pelos proprietários, Adinaldo e Iracel Franca, eu sabia que ali poderia me acomodar, não conseguiria experiência na área de minha formação e meu diploma teria pouca serventia.

Comecei a advogar, primeiramente no escritório de um dos meus professores, Dr. José Alberto Juliano, e depois no escritório dos Drs. Tarso Baglioni e Luís Gonzaga. Serei eternamente grato a todos eles, mas, novamente, reitero que abri mão de um emprego estável, porque ali eu jamais conseguiria realizar os sonhos que me motivaram a sair da roça.

Ainda muito tímido, sem carro, sem dinheiro nem coragem para montar um escritório próprio, o que iria fazer? Sem falsa modéstia, eu era bom em estudar e fazer provas. Então resolvi me preparar para concursos. De início, paralelamente à advocacia; depois, com o apoio e sacrifício da minha família em Severínia, e ajuda da minha tia, Léia Ramos Bitencourt, com quem eu dividia um apartamento alugado em São José do Rio Preto e a quem devo eterna gratidão. Ela suportou sozinha as despesas e, com isso, pude abandonar a advocacia para, durante quase um ano, me dedicar integralmente à preparação para os concursos.

Novamente, passei por derrotas temporárias (reprovações), as quais serviram como experiências de aprendizado. Embora eu tivesse determinação, disciplina, resiliência e fé, de novo me faltava a definição de um objetivo claro e específico e de uma estratégia concreta. Eu tinha dificuldade em escolher uma área: a vontade de assumir um cargo e a pressa por um bom salário tornavam quase todos os editais atrativos.

Mais uma vez, pequei por não fazer bom uso dos recursos tempo, energia e capital. Com o tempo, fiquei mentalmente esgotado, sofri com a pressão emocional e o imediatismo e não usei bem meus relacionamentos. Eu tinha me afastado das perguntas vitais e só quando me ative a elas, logrei ser aprovado em vários concursos e, em 2009, acabei me tornando Procurador em São José do Rio Preto.

O mesmo aconteceu quando iniciei no âmbito do empreendedorismo. Em 2016, fui indicado para participar de um curso de Gestão e Liderança pela Escola de Gestão Pública do Município. Ali, tive contato novamente com técnicas e dinâmicas de desenvolvimento pessoal. Sem nem terminar esse curso, fui para São Paulo realizar minha primeira formação em Coaching.

Ao concluir o segundo módulo, comecei a atender, aplicando tudo o que havia aprendido. Foi uma grande transformação. Havia descoberto minha missão de vida. Entusiasmo e euforia total! Desde então, aprendi uma lição que faço questão de compartilhar: inteligência emocional não é apenas lidar com emoções negativas, mas também com o excesso de entusiasmo. É não ir ao fundo do poço nos momentos ruins nem ficar nas nuvens quando alguma coisa deu certo.

Em 2017, decidi que iria trabalhar com desenvolvimento pessoal. Todavia, em vez de me tornar um empreendedor profissional, tornei-me um estudante profissional. Esqueci-me de que, para dar certo no longo prazo, uma empresa precisa faturar. Essa é a lição de Steven Pressfield e Shawn Coyne (2021) em seu livro *Como superar seus limites internos*, cuja leitura eu recomendo fortemente (a propósito, os autores também advertem que você sabe que está se tornando um profissional quando tem seu primeiro fracasso).

Comecei a fazer um curso atrás do outro, investindo sem qualquer planejamento; iniciei negócio sem ter clareza do nicho e sem nenhuma estratégia. Apesar de saber o que queria, o objetivo não estava definido. Mais uma vez, negligenciei os elementos tempo, energia, capital e relações interpessoais.

Você já deve ter percebido que, além do aspecto emocional (confiança, disciplina e resiliência, permitir-me sentir a derrota), a mentalidade triunfante (fé, convicção), a definição adequada do objetivo e da estratégia (que pode e deve ser corrigida e até modificada conforme sua execução) e a atenção aos fatores (recursos) estruturados em torno deles são imprescindíveis não só para lidar com o fracasso como também para alcançar sucesso.

Desse modo, aconselho:

1. Acredite, o fracasso não existe, só *feedbacks*. Passe a olhar para as adversidades e derrotas temporárias como uma oportunidade de experiência de aprendizado.

2. Temos o poder de escolha! O caminho da excelência começa com as crenças que escolhemos. Encare as derrotas temporárias como meio de cultivar sua determinação, disciplina e resiliência.

3. Tenha fé e coloque Deus sempre no centro. Se você é ateu, busque desenvolver sua espiritualidade na forma que fizer sentido para você.

4. As coisas não acontecem com você, mas para você! Saia da posição de vítima, agradeça à vida pelos *feedbacks*.

5. Tenha um objetivo definido, desenvolva um plano de acordo com a prioridade principal estabelecida para consecução do objetivo e estruture em torno dela os recursos de tempo, energia, capital e relacionamentos interpessoais. Mantenha a atenção nesses quatro elementos e se faça constantemente aquelas perguntas sobre eles.

6. Decida, aja e agradeça.

Uma mensagem final: O fracasso só existe para quem desiste. Tudo é uma questão de perspectiva: nós temos o poder de escolha sobre qual ângulo olhar as coisas e quais significados dar ao que nos acontece. Porém, esse conhecimento não terá serventia se você não decidir mudar e entrar em ação. Ação é poder.

E a gratidão? Você só tomará a decisão de mudar e agirá de verdade quando reconhecer e agradecer que você só é o que é e tem o desejo ardente de ser melhor graças a tudo que aconteceu para você. Portanto, preencha-se do sentimento de gratidão e de fé, e siga em frente, sempre reto, pois o sucesso só sorri para quem persiste!

Referências

COVEY, S *Os 7 hábitos das pessoas altamente eficazes.* 58. ed. Rio de Janeiro: BestSeller, 2016.

DUHIGG, C. *O poder do hábito: por que fazemos o que fazemos na vida e nos negócios.* Rio de Janeiro: Objetiva, 2012.

HILL, N. *A lei do triunfo: 16 lições práticas para o sucesso.* 45. ed. Rio de Janeiro: José Olympio, 2018.

LEWIS, S. *O Poder do fracasso.* Rio de Janeiro: Sextante, 2015.

PRESSFIELD, S.; COYNE, S. *Como superar seus limites internos: aprenda a vencer seus bloqueios e suas batalhas interiores de criatividade.* São Paulo: Pensamento-Cultrix, 2021.

17

O SUCESSO ESTÁ EM SUAS MÃOS

O que é sucesso? Qual a chave do sucesso? Qual a sua reação no rio da vida? Para ter sucesso na vida, um dos segredos é fazer as coisas acontecerem. Que as próximas páginas inspirem você, leitor, a despertar o seu potencial de decisão e ação, capaz de mudar e causar uma reviravolta positiva em sua vida. Você terá uma série de informações e orientações que poderão modificar sua trajetória. É você quem decide. A maneira como vai usar esses conhecimentos depende somente de você.

ROSÂNGELA LUCAS

Rosângela Lucas

Tradutora e professora de inglês e espanhol, atua no mercado de ensino há 16 anos. Fez mestrado em Educação na Universidade Del Salvador (USAL) em Buenos Aires, Argentina, onde surgiu a paixão pela escrita. É autora de artigos para jornais em Cuiabá e Mato Grosso e, a partir da sua experiência em sala de aula, desenvolveu a metodologia denominada "Caminhos para o sucesso". Atualmente, realiza palestras e cursos on-line levando esperança e novas possibilidades de sucesso, com pequenos gestos e atitudes que podem mudar totalmente a vida das pessoas e torná-las bem-sucedidas.

Contatos
www.cursatto.com.br/
rosangelalucasbr@gmail.com
Instagram: rosangelalucasbr
LinkedIn: Rosangela Lucas
65 99954 4734

Há algo em que creio profundamente: construímos nossa própria história. O curso da história se define pelas escolhas que fazemos, e nossas escolhas surgem das ideias, das crenças, dos valores e dos sonhos das pessoas.
Eleanor Roosevelt (1884-1962)
Ativista social e ex-primeira dama dos Estados Unidos

O que é sucesso?

Por que algumas pessoas fazem sucesso na vida e outras não? Como se alcança o sucesso?

Alguns, quando pensam em sucesso, imaginam riqueza; outros querem poder; e alguns outros querem, apenas, causar um impacto positivo no mundo.

Tudo isso é perfeitamente válido. Na verdade, o sucesso tem diferentes significados para diferentes pessoas. Certamente, não será algo que acontecerá com facilidade.

O sucesso é pessoal, único e adaptável para cada indivíduo. Partir de conselhos de pessoas experientes que vivem situações de sucesso pode ser uma excelente direção para você iniciar seu processo de mudança, sendo uma boa alternativa para seguir de forma assertiva e se tornar próspero na vida.

A chave para alcançar o sucesso, em qualquer coisa que desejar, está na maneira como aborda as situações e lida com elas mentalmente. Não importa em que estágio da vida esteja agora, você ainda pode fazer a diferença e buscar o seu próprio sucesso!

O sucesso deve ser algo que possa se imaginar alcançando. É possível que encontre pessoas que duvidem da sua própria capacidade de sucesso. Mas você jamais deve se tornar uma dessas pessoas, porque o momento em que para de acreditar e de sonhar é o instante em que esses sonhos podem desaparecer. Continue sonhando!

Não tenha medo do fracasso, fortaleça sua autoestima!

Fracassos são grandes momentos na nossa existência. Tudo que é importante na vida, você não faz certo da primeira vez. Temos de estar preparados para aprender com as falhas. Quanto melhor você aceita suas falhas, mais aprende com elas para poder fazer certo da próxima vez. E assim, aprendendo, acertando, progredindo, você confiará mais em si mesmo e terá mais autoestima.

A vida nos apresenta momentos alegres e outros tristes. A maneira como aproveitamos cada um desses instantes depende só de nós. Quando a vida lhe oferecer uma forte tempestade na estrada, lembre-se de que, no outro dia, o sol volta a brilhar. Essa é a atitude dos indivíduos bem-sucedidos. O sucesso significa nunca parar, ou seja, sempre ir em busca de algo mais.

A autoestima é fundamental na conquista do sucesso. Se você não gosta de você mesmo, como vai convencer os outros a gostarem? Não adianta se cobrir de ouro, usar roupas lindas, se a autoestima estiver baixa. Até um rei pode ser um miserável se não tiver autoestima.

A autoestima é uma arma muito poderosa porque eu posso escolher não ficar no rodapé da minha história. Seu "Eu" é o piloto da aeronave. Melhore sua autoestima trabalhando seus pontos fortes, que o resto consequentemente se fortalece.

Como se constrói uma casa? A construção de uma casa começa pelo alicerce, que nos seres humanos é a autoestima. Portanto, sua autoestima precisa estar fortalecida para que o seu desempenho e vontade de aprender cresçam, assim como a construção de uma casa.

Thomas Edison inventou a lâmpada, que foi o resultado de várias tentativas fracassadas. Ele enxergou cada falha como uma lição. Ele aprendeu o que não funciona e também como pode funcionar. Cada tentativa fracassada, cada rejeição, foram etapas importantes e imprescindíveis em seu caminho para o sucesso. Preste atenção em suas falhas, estude-as. Talvez você aprenda como ter sucesso por meio delas.

Na vida, há dias de chuva, dias nublados e dias de tempestades. Mas, independentemente do que aconteça, é importante que continue a acreditar que você é capaz de fazer, de transformar seus sonhos em realidade com metas claras, ação e decisão.

Acredite na sua capacidade de ter sucesso. As pessoas que levam realmente a sério o que fazem constantemente estudam, têm disciplina, comprometimento e empregam a criatividade para resolver os problemas. Se negligenciar tudo isso, não obterá sucesso.

Ação é decisão rápida, e isso é a chave para o sucesso

Como vou viver os próximos anos da minha vida? Como vou deixar minha marca no mundo? O que posso fazer para transformar a minha vida e alcançar o sucesso?

Com base nesses questionamentos, tenha em mente que agora é o momento para projetar os próximos anos da sua vida. E a maneira mais poderosa para fazer isso é: ter decisão e ação. A diferença nos resultados que as pessoas produzem se resume ao que elas fizeram de uma maneira diferente de outros indivíduos perante situações iguais.

Portanto, ações e decisões diferentes produzem resultados diferentes. Sua vida muda no instante em que você toma uma decisão nova, coerente e empenhada. Porque as verdadeiras decisões podem transformar sua vida na obra-prima que esta merece ser.

Entre em ação para decidir produzir resultados que desencadeiem os acontecimentos transformadores na sua vida. Se você decide realmente o que quer, obriga-se a entrar em ação. E a sorte vem para quem está em movimento.

Com foco nessas "decisões" de maneira diferente, certamente desfrutará de mais sucesso em qualquer área da sua vida. Mas se você prosseguir fazendo o que sempre fez, continuará conseguindo o que sempre conseguiu, sem mudanças significativas em sua vida.

Se você quer ter sucesso, precisa fazer as coisas diferentes. Isso não significa fazer coisas absurdas, mas pequenas mudanças, repetidas diariamente. Hoje, melhor do que ontem; e amanhã, melhor do que hoje.

Síndrome do rio da vida

Teria lógica? Teria sentido? Qual a sua reação no rio da vida? Acredito que a vida é como um rio. Existem pessoas que saltam no rio da vida sem ter decidido aonde querem chegar e por isso são levadas pela correnteza dos acontecimentos: medo e desafio.

Quando tem uma tempestade, não decidem aonde querem ir, não sabem qual direção seguir. Apenas seguem o "fluxo". São guiadas pelo ambiente e não por valores. Por consequência, sentem que perderam o controle; descobrem que vão cair na cachoeira porque são barcos sem remos.

Sejam quais forem os desafios que tenha na sua vida no momento, sejam eles físico, financeiro ou emocional, essas adversidades poderiam ter sido evitadas se tivesse tomado melhores decisões rio acima. Entretanto, decisões erradas podem ser altamente pedagógicas, pois nos permitem aprender e conhecer.

Se formos apanhados pela correnteza do rio impetuoso, como inverter essa situação? Começando a remar como loucos na direção contrária ou decidindo e agindo com antecedência?

Quando isso acontecer, em vez de se castigar pelo "fracasso", lembre-se de que há apenas resultados. Se não conseguiu os resultados que queria, aprenda com a experiência para, no futuro, ter referências para tomar melhores decisões.

Sucesso e fracasso não são experiências que acontecem da noite para o dia. São sempre as pequenas decisões, ao longo do rio, que fazem com que as pessoas fracassem. É o fracasso delineado nas decisões e ações erradas.

O sucesso, igualmente, é resultado de pequenas decisões: decidir se empenhar mais, escolher não permitir que o ambiente o controle, optar por fortalecer a autoestima – essas pequenas decisões criam a experiência de vida que chamamos sucesso.

Certamente, o sucesso ou fracasso é determinado pelas decisões que tomamos e as ações que efetuamos dia a dia. É simples, mas não é fácil: depende de você. A vida que você leva foi criada por você; então, é sempre possível transformá-la para melhor.

Declare querer ser melhor a cada dia. Com decisão, ação, autoestima, com vontade de estudar, buscar e aprender; tudo isso envolve crescimento. Como? Tendo a humildade de saber ouvir. Cultive o amor e não o ódio. Saiba que o melhor está pela frente. E lembre-se de que toda chuva e sol tomados rio acima viram fruto das suas melhores experiências.

Declare e acredite em você. Desejo que, a partir de hoje, você "declare" ter sucesso em todas as áreas da sua vida. Há uma força especial dentro de você: ação, autoestima e decisão. Faça e acredite, o sucesso está em suas mãos.

Referência

ROOSEVELT, E. *Tomorrow is now*. Nova York: Harper and Row, 1963. p. 4.